EN VE TE ICI

10 CENTIMES
LA LIVRAISON

50 CENTIMES
LA SÉRIE

LES CI QUANTE

Lettres Ré ublicaines

DE GERVAS MARTIAL

Recueillies par TOUCHATOUT

Cette Affiche ne doit être mise qu'à l'intérieur.

Paris. — Imprimerie F. Debons et Cie, 16, rue du Croissant.

LES 50

Lettres Républicaines

DE

GERVAIS MARTIAL

OUVRIER

PARIS. — IMP. F. DEBONS ET Cie, 16, RUE DU CROISSANT

LES 50

Lettres Républicaines

DE

GERVAIS MARTIAL

OUVRIER

RECUEILLIES PAR TOUCHATOUT

PARIS ET DÉPARTEMENTS

CHEZ TOUS LES LIBRAIRES

1875

LES 50
Lettres Républicaines

DE GERVAIS MARTIAL

OUVRIER

RÉUNIES PAR TOUCHATOUT

I

GERVAIS MARTIAL AU CITOYEN PETIT PRINCE

Où Gervais Martial dit au Citoyen petit Prince Impérial un tas de choses tendres pour l'engager à braquer sa lorgnette d'un autre côté.

CHEZ TOUS LES LIBRAIRES

1875

Citoyen petit Prince,

A toi cette première d'un ouvrier dont le cœur est bien joyeux.

Ne crois pas, citoyen petit Prince, que ces *Lettres républicaines*, desquelles j'ai voulu te donner l'étrenne, soient inspirées par un sentiment de haine ou de rancune.

Depuis le 24 février dernier, depuis le jour heureux où nos représentants ont donné eux-mêmes l'exemple de la conciliation en ne prenant plus conseil que du bonheur de notre France chérie, il ne peut plus y avoir place dans les cœurs que pour la fraternité.

D'ailleurs, c'était pour nous un grand besoin que cette explosion d'amour, sais-tu!... Non, tu ne sais pas... tu ne peux pas savoir. Tu es trop jeune.

Mais en étudiant l'histoire de ton pays, tu l'apprendras.

Tu apprendras qu'en aucun temps les Français ne purent se haïr plus de trois jours de suite sans en souffrir cruellement. Aux grandes explosions de colère ont toujours succédé bien vite — j'allais dire : trop vite — cet oubli généreux du passé, ce pardon des injures, ce besoin d'aimer qui fait le fonds de notre caractère.

Relis nos annales, citoyen petit Prince: tu y verras le peuple répondre à quatorze siècles d'humiliations et de tortures par ce sublime élan de bonté qui fit la fédération du 14 juillet 1790.

Tu y verras ce même peuple s'embrasser avec effusion en juillet 1830, après avoir bousculé, dans un mouvement plutôt d'impatience que de colère, le trône de ce vieil imbécile qui s'était cru de force à nous reprendre en un jour une de nos libertés les plus chères et qui nous avait coûté tant de sang et de peines : la liberté de la presse.

Tu y verras encore ce peuple, violent parfois, mais toujours bon, pleurer d'enthousiasme et de joie le 24 février 1848, après avoir mis tranquillement en fiacre — et je crois, Dieu me pardonne!... payé la course — cet autre vieux buté qui avait fourré dans sa vieille caboche de mettre hors la loi les gens qui ne payaient pas au moins cinq cents francs de contributions.

Tu y verras, citoyen petit Prince, ce peuple quelquefois terrible dans sa justice, mais toujours prêt le lendemain pour la clémence, la réconciliation, l'oubli.

Juge un peu s'il devait se trouver à son aise, lui dont le cœur déborde de loyauté, dont le regard est si franc, la main si ouverte, d'être depuis plus de quatre années en proie à tous les sentiments qui lui sont le plus antipathiques : la discorde, la contrainte et la défiance.

Comprends-tu cela?... se bouder et s'en vouloir pendant cinquante mois! des gens qui ont l'habitude de vider leurs plus grosses querelles en *trois taloches sec,* et de se serrer la main après.

Allons donc!... jamais ce système à la prussienne n'aurait pu s'acclimater chez nous. Nous en serions morts. Je ne suis même pas sûr que nous en ayons été bien loin.

Heureusement — et comme on te l'aura sans doute appris,

citoyen petit Prince — les choses viennent de tourner tout autrement.

Chacun vient d'y mettre un peu du sien. Il y a même un côté qui en a mis beaucoup plus que l'autre ; mais s'il ne faut pas compter avec ses vieux amis, il faut encore moins compter avec les nouveaux. C'est le vrai moyen qu'ils vieillissent.

Bref!... on te l'a dit, n'est-ce pas?... nous avons la République.

J'ai voulu t'écrire, citoyen petit Prince, et causer à cœur ouvert avec toi de ce nouvel état de choses, parce que je ne te dissimulerai pas que des trois ou quatre prétendants (j'en oublie peut-être) qui lorgnent le trône de France, tu me sembles, en somme, le plus intéressant, à cause de ton âge.

En effet, que le comte de Chambord, qui a bientôt soixante ans, et le comte de Paris, qui en a presque quarante, restent sur les rangs, acceptant ainsi l'héritage de toute leur race depuis la Saint-Barthélemy, les dragonnades, jusqu'aux fusillades de la rue Transnonain, c'est leur affaire, ils sont majeurs.

Toi, ce n'est pas tout à fait la même chose.

Non-seulement tu n'étais pas au monde quand ton père — Dieu ait son âme!... — fit bombarder la maison Sallandrouze, le 2 décembre 1851.

Non-seulement tu n'avais pas encore pris ta première leçon de vélocipède quand il envoya deux de mes frères se faire tuer au Mexique.

Non-seulement tu n'avais pas achevé ta croissance lorsqu'il accomplit cet acte héroïque de rendre aux Allemands, à Sedan, trois cent mille soldats pleurant de rage, douze cents canons et trois cents drapeaux, pour sauver ses bagages;

Mais encore, citoyen petit Prince, tu es entouré de gens qui t'ont élevé de telle sorte qu'il t'est devenu presque impossible de te rendre compte des événements qui s'accomplissent à côté de toi.

Tu avais donc, et tu as encore, tous les droits possibles au bénéfice de cet axiome si souverainement juste : *Les fils ne sont pas responsables des fautes de leur père.*

Seulement, je crois devoir appeler ton attention sur un autre principe non moins équitable et que ton entourage dévoué, y compris ta tendre mère, a certainement négligé de t'inculquer :

Non... les fils ne peuvent être rendus solidaires des crimes de leurs parents ; mais, bien que tu ne sois pas encore majeur, tu es cependant en âge de comprendre que ce dicton cesse d'être exact le jour où les fils dont les pères ont émis des actions véreuses, prétendent en toucher les dividendes.

Voyons, citoyen petit Prince, suppose un instant un palefrenier qui a assassiné le marquis de Goulapistrac, un des plus anciens noms de France.

Après l'avoir tué, il lui a chipé quatre cent cinquante millions en or, beaucoup d'obligations de chemin de fer, tous ses vieux parchemins, et s'est fait appeler partout : le marquis de Goulapistrac.

Un jour le palefrenier meurt laissant un fils, l'innocence même.

Le crime du père est reconnu ; le fils l'apprend, en rougit même au besoin ; mais aussitôt qu'on lui parle de rendre les 450 millions, les obligations et le marquisat, il s'écrie :

— Ah ! non... je ne suis pas responsable des crimes de mon père.

Eh bien !... qu'est-ce que tu penserais de ce particulier-là ?

Citoyen petit Prince, je suis peiné de te le dire, mais ton cas est absolument celui du petit du palefrenier.

Et les gens qui t'engagent à te conduire comme lui te rendent un bien mauvais service.

Leur seule excuse est de caresser l'espoir de te le faire payer un jour comme s'il était bon.

Depuis déjà pas mal de temps, tu laisses faire en ton nom un tas de choses qui ne sont pas absolument propres.

Mon Dieu!... Je ne t'en veux pas... tu subis encore l'influence d'une éducation détestable. On t'a répété pendant dix-huit ans que tu étais né avec le grand-cordon de la Légion d'honneur au cou.

Tu sais que ce n'est pas vrai du tout!... on te l'a mis après... Demande à la sage-femme.

On t'a dit aussi, n'est-ce pas ? que le ciel t'avait désigné pour jouir d'une liste civile de trente millions, imposer tes volontés à tout un peuple de braves gens travailleurs et honnêtes, et en faire au besoin massacrer quelques centaines de mille, pour te venger si, par hasard, un souverain mal élevé se permettait, après boire, de traiter ta femme de « vieille margot. »

Certainement, citoyen petit Prince, je ne te fais point un crime d'avoir pris tout cela pour argent comptant.

Ces choses-là étaient plus agréables, et naturellement plus faciles à croire que si l'on était venu te dire, par exemple, comme on nous l'a dit bien longtemps à nous autres du peuple :

— Tu es né pauvre et désigné par la providence pour rester pauvre, privé de tout, accablé de charges ; tu n'auras ni les moyens de t'instruire, ni ceux de t'élever... Avec un salaire de quatre francs par jour, tu nourriras tes enfants quel qu'en soit le nombre. En un mot, ta mission sur la terre est de souffrir, de travailler et d'obéir.

Mais aujourd'hui que tu touches à l'âge viril, citoyen petit Prince, il va falloir te secouer un bon coup.

Et si tu le fais consciencieusement, tu verras tomber autour de toi, sur le plancher, beaucoup de choses que l'on t'a mises sur le dos pour te déguiser en prince prétendant — le plus laid des costumes.

Tu serais d'autant plus imprudent de persévérer dans une voie ridicule, qu'entre nous — je te dis cela sans aucune méchanceté — les bonnes fées que l'on avait conviées à ta naissance ne se sont pas foulé la rate pour gagner leur jeton de présence.

Tu n'as rien, cher enfant, de ce qui pourrait justifier l'ambition de régner sur un peuple, — fût-il espagnol.

En cela encore, comme en tout le reste, rien de ta faute, j'en conviens.

Sans vouloir te froisser dans tes affections filiales, que je respecte, il faut pourtant bien dire que ton origine te condamnait presque à cette médiocrité qui suinte de tout ton jeune être.

Que pouvait, en effet, te donner ton père en noblesse, en beauté, en vigueur ?... Je m'abstiens de répondre : je ne t'ai pas écrit pour te faire de la peine.

Que pouvait te donner ta mère en élévation et en esprit?... Hélas!...

Et si, après avoir indiqué le plus légèrement possible tous les dons que tes chers parents ne t'ont pas faits, je cédais à la tentation de parler de ceux dont ils t'ont gratifié, je deviendrais tout à fait cruel, et c'est ce que je ne veux pas.

Donc, cher citoyen petit Prince, ce n'est que trop prouvé, tu n'as rien des natures d'élite.

Quand tu n'es pas le 38me à ton collége, on crie au miracle!

Tu as une tête molle et banale qui n'annonce aucune intelligence, aucune énergie. Il suffit que l'on expose au Salon ton portrait ressemblant pour faire baisser de quarante pour cent le nombre des bonapartistes.

Tu n'as même pas l'air de jouir d'une bonne santé, ce qui est certainement malheureux, mais ne pousse pas à l'enthousiasme. Un beau gars!... c'est encore quelque chose aux yeux de beaucoup de gens.

Tout ce que tu peux nous offrir jusqu'ici, c'est d'avoir une assez bonne place en équitation et en escrime.

Cela vaut mieux que rien, sans doute.

Mais, conviens-en, si nous n'avons que cela à mettre dans les Tuileries, ça ne vaut peut-être pas la peine de les raccommoder.

Pardonne-moi, citoyen Petit Prince, de t'avoir parlé avec cette rudesse et cette franchise. Je crois que le moment des explications sincères est arrivé, maintenant que la proclamation de la République nous a fait à tous une situation nette.

Tu as été jusqu'ici l'enfant que tout le monde doit respecter.

Ne sois pas le prétendant que la France détesterait.

Et surtout!... ne deviens jamais le conspirateur que la France devrait punir.

Salut et fraternité.

GERVAIS MARTIAL,

Ouvrier.

LES 50 Lettres Républicaines

DE GERVAIS MARTIAL
OUVRIER
RECUEILLIES PAR TOUCHATOUT

II

GERVAIS MARTIAL AU CITOYEN LENTRIPÉ CONSERVATEUR

Comme quoi Gervais Martial convie le Citoyen Lentripé à crever avec lui ce gros bête de mot de « CONSERVATEUR » afin de constater ensemble qu'il n'a rien du tout dans le ventre.

CHEZ TOUS LES LIBRAIRES
1875

LIVRAISON 2.

Citoyen Joseph Lentripé,

Tu peux te flatter de m'avoir fait faire du mauvais sang l'autre jour, sur l'impériale de l'omnibus de Grenelle.

J'étais au coin, près du cocher. Je fumais tranquillement ma pipe, en revenant de mon travail.

Toi, tu étais de l'autre côté; tu me faisais dos à dos.

Même que tu as un gros dos rond, très-gênant pour ceux qui sont derrière, citoyen Lentripé !... Un vrai dos de classe dirigeant!...

Enfin!... je ne te chercherai pas querelle pour ça. Le vent est à la concorde.

Arrivés près de la place du Châtelet, tu profitas d'un moment d'arrêt de l'omnibus pour entamer avec le cocher, une conversation politique des plus corsées.

Tu ne me fais pas l'effet d'un mauvais homme, citoyen Lentripé; mais vrai, tu devrais bien te défaire de quelques clichés idiots dont tu t'approvisionnes dans la *Patrie* probablement.

Pendant les vingt-cinq minutes que ton gros dos a roulé sur le mien comme un édredon, tu as répété huit fois au cocher que tu étais un important pharmacien de la rue Saint-Honoré, onze fois que tu étais venu à Paris avec trois francs vingt-cinq dans ta poche, vingt-deux fois qu'avec de la conduite et de la volonté un homme arrive toujours, trente-cinq fois que tu étais un bon républicain et SOIXANTE-TREIZE FOIS que tu étais avant tout « conservateur!... »

Moi, j'écoutais tout cela; mais je me faisais très-vieux, citoyen Lentripé, parce que, vois-tu, rien ne m'assomme comme d'entendre rabâcher des phrases toutes faites, qui n'ont aucun sens.

J'avais une envie terrible de me retourner et de me mêler poliment à ta conversation.

Mais je me suis retenu.

D'abord, il y avait ton gros dos qui roulait toujours sur le mien et qui m'inquiétait. Je me disais :

— Si je me retourne, je cède la place à son dos qui, ne rencontrant plus aucune résistance, va déborder par-dessus la barre d'appui et, quand je voudrai me remettre d'aplomb, je ne pourrai plus.

Ensuite, nous approchions de chez moi, et je n'ai pas voulu entamer une discussion que nous n'aurions pas eu le temps de mener à bien.

J'ai donc résolu de t'écrire et d'avoir avec toi une explication franche.

Maintenant que nous sommes en République, citoyen Lentripé, il ne s'agit plus de se payer naïvement de mots de combat et de les lancer à tort et à travers par la figure des gens sans savoir ce qu'ils veulent dire, ni s'ils veulent seulement dire quelque chose.

C'est pourtant ce que tu me sembles faire en te servant à tout propos d'un mot dont notre bêtise à tous a étendu le sens d'une façon déplorable.

Voyons, citoyen Lentripé, pourrais-tu me dire à quoi répond exactement dans ton esprit ce mot : *Conservateur*, dont tu fais la pièce de résistance de tes convictions politiques ?

Nous avons le conservateur des hypothèques, parfaitement nommé, puisqu'il conserve des inscriptions hypothécaires.

Nous avons aussi le conservateur de musées, ainsi appelé très à propos, puisqu'il veille à la conservation des tableaux et des statues.

Tout cela est parfaitement clair et personne ne songe à en demander l'explication.

Mais le conservateur politique !... qu'est-ce que c'est que ça ?...

Je comprends vaguement, citoyen Lentripé, que celui qui s'intitule ainsi, comme toi par exemple, veut dire par là qu'il aime à conserver.

Oui, mais... conserver quoi ?... Qu'est-ce que tu veux donc conserver, citoyen Lentripé ?

Ta chaîne de montre ?...

Ton pardessus ?...

Ta boutique de pharmacie ?...

Ta belle-mère ?...

Eh bien !... qui est-ce qui te les demande ?

Voudrais-tu par hasard dire par ce mot : *Conservateur*, que tu prétends conserver toutes les institutions que notre seul but doit être de remplacer par de meilleures ?

Non ; je ne veux pas croire que ce soit là ton idée. Tu es trop bon citoyen pour cela.

Tu ne peux vouloir améliorer la machine sociale en conservant les rouages qui la faisaient aller de travers.

Seulement, prends-y garde, citoyen Lentripé, car, à ton insu, c'est tout à fait cela que semble signifier ce gros bête de mot dont tu as plein la bouche, depuis que tu l'as entendu répéter un peu partout.

Vois-tu, citoyen... maintenant que nous travaillons tous, avec bonne foi et courage, à rendre notre chère République viable et robuste, il est une chose de laquelle nous devons nous défier par-dessus tout : c'est du sens que certaines gens, intéressés à nous brouiller ensemble, essaient de donner à certains mots.

A toutes nos époques de révolution, les mêmes gens ont essayé de nous agacer l'un contre l'autre à l'aide des mêmes moyens.

N'oublions pas, citoyen Lentripé, qu'ils n'y ont souvent que trop réussi.

Et que cela nous serve de leçon.

Tu te souviens sans doute de 1848?... Les clichés dont on se servit à cette époque pour envenimer nos rapports furent ceux-ci : « *Partageux* » et « *aristo.* »

Ah!... l'effet fut complet!... Le jour où les hommes de mauvaise foi parvinrent à me faire accroire à moi, GERVAIS MARTIAL, ouvrier, que toi, JOSEPH LENTRIPÉ, bourgeois, tu faisais fi de ma main calleuse et de ma blouse;

Le jour où ces mêmes hommes de mauvaise foi réussirent à te persuader à toi, JOSEPH LENTRIPÉ, bourgeois, que moi, GERVAIS MARTIAL, ouvrier, je n'avais d'autre but que de te prendre la moitié de ton bien pour faire le lundi toute la semaine à tes dépens;

Ce jour-là, la République fut bien flambée.

Tu me regardas avec terreur.

Je te regardai avec colère.
Tu me traitas de : *partageux*.
Je t'appelai : *aristo*.
Ce n'est pas comme ça que l'on arrive à s'entendre.
Aussi, nous ne nous entendîmes pas.
C'était précisément ce que l'on voulait.

Alors survint l'autre... Tu sais bien ?... l'autre !...
Il tira son grand sabre et nous mit d'accord.
Il engagea les « *bons à se rassurer et les méchants à trembler.* »

Les bons ?... c'était toi. Tu te « rassuras » et baisas la poignée de ce glaive sauveur !...

Les méchants ?... c'était moi. Je ne tremblai pas... mais je reçus les coups tout de même.

Tu sais, citoyen Lentripé, que je ne te dis pas cela pour réveiller de mauvais souvenirs.

C'est passé !... Je ne t'en veux pas. Nous avons bien autre chose à faire.

D'abord, nous avons à empêcher que l'on recommence ce petit jeu-là sur notre dos. Si j'y ai perdu, tu n'y as pas beaucoup gagné non plus ; car tu disais, je crois, l'autre jour, sur l'omnibus, que ton fils avait été tué à Reischoffen.

Eh ! bien, citoyen Lentripé, si nous voulons éviter que ces bêtises-là recommencent, commençons nous-mêmes par ne pas nous y prêter aussi naïvement en permettant que l'on nous brouille encore avec des mots malignement choisis et dont on dénature le sens afin de nous mettre encore une fois mal ensemble.

« *Aristo* » et « *partageux* » sont démodés ; mais on leur a trouvé des équivalents qui ne sont pas moins dangereux pour nous, puisqu'ils essayent de faire renaître ces mêmes idées de haine, d'envie et de discorde.

On leur a donc substitué ceux de « *radical* » et de « *conservateur.* »

Depuis quatre ans, la comédie de 48 a recommencé sur ces pitoyables rengaines.

Tu t'es remis à me traiter avec mauvaise humeur de « *radical,* » ce qui voulait encore dire « *partageux,* » comme dans le temps.

Et moi, je me suis remis à t'appeler « *conservateur,* » du même ton de mépris que j'avais il y a vingt-sept ans, quand je te qualifiais d'*aristo.*

Nous avons eu tort tous deux, citoyen Lentripé, car nous avons failli faire encore une fois le jeu de nos ennemis dont l'intérêt est de créer entre nous ces malentendus saugrenus, mais terribles, qui nous séparent à leur seul profit.

Assez de bêtises comme ça.

Nous ne sommes plus au temps des épithètes malveillantes, mais à celui des raisonnements utiles et de bonne foi.

« *Radical* » n'est pas plus une injure que « *conservateur* » ne peut être un compliment.

Le tout est de peser la valeur des mots, et de ne pas transformer en insultes, par une sotte convention, les plus simples et les plus inoffensifs d'entre eux, comme ce cocher de fiacre fameux qui se laissait volontiers traiter de butor, de fripon, de canaille et d'ivrogne, pourvu qu'on ne l'appelât pas « *gérogaphe,* » ce qui, à ses yeux, était le plus mortel des outrages.

Voilà, citoyen Lentripé, ce que je voulais te dire à propos de ta manie de pose à la conservation.

Quand tu te dis : *conservateur,* tu ne sais pas ce que cela signifie.

Et tu ne peux pas le savoir, — ni moi non plus,— puisque cela ne signifie rien.

Crois-moi, dans l'intérêt de la bonne harmonie qui doit désormais régner entre nous et nous aider à conquérir ce que nous voulons tous : la paix et le progrès, n'emploie plus de ces mots vides et niais si bien exploités par nos ennemis, qui profitent de ce que ces mots n'ont aucun sens pour leur en donner trente-six.

Ne prête pas le flanc à cette manœuvre qui nous a déjà été si fatale à tous deux.

N'aide pas à propager, en les répétant, ces vocables douteux qui créent souvent d'irrévocables haines.

Tout le monde est conservateur et tout le monde est démolisseur, citoyen Lentripé, attendu qu'il n'est pas un homme de bonne foi qui ne désire en même temps la conservation de ce qui est bon et la démolition de ce qui est mauvais.

On est conservateur de ses dents, mais pas de ses maux de dents.

Or, citoyen Lentripé, comme tu ne nieras probablement pas que notre société actuelle ait quelques maux de dents........

Salut et fraternité,

GERVAIS MARTIAL,

Ouvrier.

LES 50

Lettres Républicaines

DE GERVAIS MARTIAL

OUVRIER

RECUEILLIES PAR TOUCHATOUT

III

GERVAIS MARTIAL AU CITOYEN DUMANET, SOLDAT

Où Gervais Martial essaie de consoler Dumanet, bien affligé et bien indigné d'avoir été pris pour un autre Dumanet par les bonapartistes.

CHEZ TOUS LES LIBRAIRES

1875

Citoyen Dumanet,

Je n'ai pas eu occasion de te revoir, citoyen, depuis le jour où tu as quitté notre atelier pour partir au régiment.

Tu étais déjà, je m'en souviens, un très-bon ouvrier, intelligent, travailleur et rangé.

Et tous les camarades ont regretté que tu fusses obligé de quitter le métier où tu commençais à gagner ta vie et celle de tes trois petites sœurs, car je n'ai pas oublié non plus que le père Dumanet, un peu *soiffeur* de sa nature, t'obligeait quelquefois à compléter sa paie, souvent entamée, avec la tienne qui était toujours intacte.

Mais enfin, citoyen Dumanet, tu avais pêché le numéro 34 sur 457 conscrits ; et comme à cette époque nous étions encore au beau temps de l'organisation militaire où les pauvres partaient pour les riches, il te fallut prendre le sac.

A l'atelier, nous ne t'avons pas perdu de vue, citoyen ; et nous avons eu plusieurs fois de tes nouvelles.

D'abord, nous avons su que tu t'étais parfaitement conduit pendant la guerre ; personne ici n'en a été étonné. Nous te savions tous brave et franc du collier comme un vrai enfant du faubourg.

Et nous disions souvent :

— Quand le petit Dumanet sera le dernier aux taloches, c'est que ceux qui seront devant ne voudront pas le laisser passer.

J'ai appris aussi que tu avais refusé de l'avancement parce que, n'ayant pas un goût prononcé pour l'état militaire, tu voulais te contenter, tout en payant bravement ta dette au pays, d'aligner ton congé et de revenir après reprendre ton outil avec nous, si tu avais la chance de ne pas être démoli dans quelque bagarre.

Ça, c'est ton affaire... Tous les goûts sont dans la nature. On n'est pas forcé d'aimer le *métier* de soldat; l'essentiel est de faire son devoir aussi bien que ceux qui l'aiment.

Et tu l'as fait.

J'ai sû enfin que tu avais été prisonnier à Sedan, comme tous les autres.

Et j'ai lu la lettre que tu écrivais six mois après à la maman Dumanet, et dans laquelle tu disais :

« Bonne maman... nous avons tous pleuré de colère, quand « nous avons vu rendre à l'ennemi notre cher drapeau que l'on « nous avait demandé soi-disant pour le brûler!... Si nous « avions su, nous ne l'aurions pas donné, oh! non!... et bien « douce eût été la mort qui nous eût épargné tant de honte.

« Alors, bonne maman, quoique je ne sois pas parti pour « mon agrément, tu le sais... j'ai ressenti à ce moment un frisson « de vieux zouave!... Et j'ai compris que dans un cœur de soldat « il y a moins de place pour l'horreur des vainqueurs que pour « la haine des traîtres. »

C'était une belle et bonne lettre que celle-là, citoyen Dumanet, et nous t'avons bien applaudi.

Aussi, j'ai tenu à t'écrire aujourd'hui pour te remettre un peu de baume dans le cœur; car je suppose que tu dois être bien triste depuis quelques jours, si tu as lu dans les journaux ce grand rapport sur la conspiration bonapartiste dont il a été tant parlé.

Cela a dû te paraître dur, hein?... de voir ce que ces gens-là avaient cru faire de toi à un moment donné, et la part qu'ils te réservaient dans l'accomplissement de leurs aimables projets !

Nous avons bien souvent pensé à toi, va !... et nous nous disions :

— Ce pauvre Dumanet !... comme ça va le régaler d'apprendre que l'on comptait sur lui pour rétablir l'Empire !... Quel joli compliment on lui fait là !...

Tu as lu ce rapport et cette déposition, n'est-ce pas, citoyen Dumanet ? — ou tout au moins la partie qui te concerne.

Tu as vu de quels moyens on se servait depuis plus de deux ans pour t'associer, à ton insu, aux choses aimables que l'on complotait pour l'avilissement de la France.

Tu as vu que les journaux bonapartistes étaient servis gratuitement à tes chefs.

Tu as vu de quelle façon on exploitait chez certains d'entre eux les sentiments de reconnaissance envers l'homme auquel ils « *devaient leurs épaulettes* », leur disait-on.

Ce qui est un mensonge imbécile, tu le sais, citoyen Dumanet. Le soldat ne doit son avancement qu'à son courage et à son mérite. S'il en est qui le doivent à autre chose, tant pis pour eux.

Tu as vu ce déluge de brochures dont les casernes ont été inondées.

Brochures qui prétendaient prouver que nos revers n'avaient eu pour cause ni l'incapacité des uns, ni la trahison des autres.

Et c'est à toi que l'on a tenté de faire croire cela, citoyen Dumanet, à toi... qui as fait la dernière campagne !... à toi qui as vu les canons sans affûts, les chassepots sans munitions, les cartouches sans fusils, les chefs sans ordres, les soldats sans souliers !... à toi qui étais à Sedan !...

Tu as vu cette nuée de photographies s'abattant sur ton bataillon et sur les autres, et vous portant à tous — après de violentes retouches faites pour les besoins de la cause — le portrait de cet enfant malheureux jusqu'ici, mais que l'on fera peut-être coupable demain.

Tu as vu, citoyen Dumanet, en dépit des corrections que les photographes obligeants ont fait subir à l'œuvre du soleil, combien ce masque inintelligent et débile pouvait promettre encore de beaux jours et de gloire à notre chère France!...

Tu as vu ces procédés biseautés de propagande, au moyen desquels, sous le prétexte de *sociétés de secours mutuels*, on extorquait à tes supérieurs leur signature au bas d'écrits séditieux.

D'ailleurs, il faut le dire aussi à l'honneur de l'armée française, tu as vu en même temps, n'est-ce pas? que ces braves soldats ont protesté hautement contre cette manœuvre de laquelle ils avaient été victimes aussitôt qu'ils en ont connu la portée.

Tu as vu d'anciens chefs, ayant quitté le service, exploiter un reste de prestige sur les hommes qu'ils avaient jadis commandés, et tenter de les entraîner dans des entreprises criminelles.

Tu as vu tout cela, citoyen Dumanet... et bien d'autres choses encore!...

Et tu as souffert cruellement, toi qui es l'honneur même, d'avoir subi l'affront de telles tentatives.

Console-toi!... et que ta colère s'éteigne où il n'y a de place que pour le mépris.

Pour qui te prennent-ils donc ces hommes qui sont venus te proposer le déshonneur?...

Pour leurs pareils... oui, assurément.

Mais, est-ce qu'ils te connaissent pour oser te parler de la sorte ?...

Est-ce qu'ils connaissent Dumanet ?... le Dumanet de 1875 ?... le Dumanet sur qui Sedan a passé ?

Dans le temps, il n'est que trop vrai, ils ont bien connu un autre Dumanet qu'ils avaient, en le trompant, en le flattant, en l'énervant, presque amené à être leur complice.

Ce Dumanet-là, ils l'avaient grisé le matin du Deux-Décembre, et l'avaient fait assassiner des nourrices sur le boulevard Montmartre, en lui disant que c'étaient des malfaiteurs de la pire espèce, déguisés en femmes.

Ce Dumanet-là, ils l'avaient pendant dix-huit ans excité contre les républicains, en lui faisant accroire que ceux-ci le guettaient chaque nuit pour le jeter dans le canal Saint-Martin.

Ce Dumanet-là, en effet, était presque devenu leur chose à eux seuls.

Et petit à petit, il en était arrivé à se figurer qu'il n'était qu'un peu le soldat de la patrie et beaucoup le gendarme de l'empereur.

Mais ce Dumanet-là, à qui ils croient encore parler, n'est pas le même.

Et en lui parlant comme à l'autre, ils l'insultent.

Le Dumanet, le vrai, — toi enfin, citoyen, — est un brave et loyal garçon, à qui l'on ne peut plus rien demander que de servir son pays et de mourir pour lui.

C'est déjà ça. Il y en a beaucoup à qui l'on ne le demanderait pas.

Le Dumanet d'aujourd'hui est, plus qu'il ne l'a jamais été en aucun temps, le peuple armé pour la défense du sol et de l'honneur national, puisque non-seulement il sort du peuple, — comme il en est toujours sorti, — mais encore qu'il paie maintenant sa dette de sang, lui pauvre, à côté du riche qui la paie aussi et ne peut plus s'y soustraire au moyen de trois sacs d'écus.

Venir parler à ce Dumanet-là comme on parlerait à un Dumanet espagnol, c'est un crime!... Mais c'est surtout une folie!...

Ces gens-là ne te connaissent pas, citoyen; ils ne t'ont jamais connu; et ils ne te comprendront jamais.

Que ce soit ta consolation.

J'ai tenu à t'écrire, citoyen Dumanet, parce que je sais que dans les moments où l'on a du chagrin, on aime à voir les mains amies venir serrer la sienne.

Je comprends toute l'indignation que tu as dû ressentir en apprenant que certains hommes — les mêmes justement qui t'ont déjà fait tant de mal — avaient eu l'audace de compter sur toi pour les aider à continuer leur œuvre.

Mais tu sais bien, citoyen Dumanet, qu'aucun de nous ne t'en a cru capable.

Et cela doit te suffire.

Tu as appris, n'est-ce pas, qu'après bien des tribulations, nous avions enfin la République?

Je ne te demande pas ce que tu en penses.

D'abord, parce que je le sais.

Et ensuite parce que, pour le moment, ça ne te regarde pas.

Tu as encore, je crois, un an à faire.

Quand tu reviendras à l'atelier, nous causerons de tout cela.

Tu retrouveras le faubourg bien changé, va!...

Quand tu es parti, c'était, je crois, en 1869. Tu te rappelles, hein?... Partout de la mauvaise humeur, de l'irritation, de la colère, de la haine.

Et il y avait de quoi, là vrai?... On était sous le talon, et quand on est sous le talon, on mord comme on peut.

Aujourd'hui, ce n'est plus ça du tout!... Nous avons bien souffert, bien attendu, — quelquefois même bien désespéré, — depuis quatre longues années.

Maintenant, tout est oublié.

Le but n'est pas atteint, sans doute; mais la route est libre. La bonne humeur et la confiance sont revenus.

Plus de plaintes mauvaises, plus de menaces sourdes. Il n'y a plus que des hommes de bonne volonté qui veulent marcher plus ou moins vite, mais enfin qui veulent marcher.

La lutte n'est plus maintenant qu'entre les trop impatients et les trop lambins.

Lutte pacifique, lutte fraternelle, où ceux qui gagneront le prix le partageront avec les autres.

Tu vois tout le chemin que nous avons fait en peu de temps.

Il y a loin de là, n'est-ce pas, citoyen Dumanet, à ces jours détestés où ce que l'on entendait par « rapprocher le peuple de l'armée » était de construire entre eux deux des boulevards assez droits pour que celle-ci pût mitrailler plus vite celui-là.

Salut et fraternité.

GERVAIS MARTIAL,

Ouvrier.

LES 50

Lettres Républicaines

DE GERVAIS MARTIAL

OUVRIER

RECUEILLIES PAR TOUCHATOUT

IV

GERVAIS MARTIAL AU CITOYEN ROGER, DIT : PISSE-FROID

Où l'on voit Gervais Martial savonner fortement son copain d'atelier Roger, dit : Pisse-froid, au sujet de sa coupable indifférence en matière politique.

CHEZ TOUS LES LIBRAIRES

1875

Citoyen Roger, dit : Pisse-froid,

J'ai à causer sérieusement avec toi. Je ne suis pas satisfait du tout de ta contenance, citoyen.

Depuis pas mal de temps déjà tes airs d'indifférence à propos de tout ce qui coucerne la chose publique me déplaisaient singulièrement.

Et tu as mis le comble à ma mauvaise humeur, l'autre soir, lorsqu'en dînant avec quelques camarades à la maison, nous avons parlé, au dessert, des événements du jour.

« *Qu'est-ce que ça nous fait ?...* » répétais-tu sans cesse. « *Ça nous est bien égal !* « *Qu'on fasse ce qu'on voudra.* » « *Laissez-moi donc tranquille !* » « *J'en ai plein le dos.* » « *Tout ce que vous dites et rien c'est la même chose.* » « *En quoi tout çà nous intéresse-t-il ?* » etc., etc...

Tu sais, citoyen, que c'est très-mal tout ce que tu dis là.

Et, je ne te l'envoie pas dire, tu fais de la très-mauvaise besogne.

Si tu veux que nous restions bien ensemble, il faut changer ces manières-là.

J'ai d'autant plus sujet de t'en vouloir de ta déplorable tenue, que je t'ai connu tout autre dans le temps.

Il n'y a même pas des siècles.

Tu étais alors très-d'aplomb. Tu prenais souci, comme nous. des choses qui sont les tiennes et les nôtres, en somme.

Lorsqu'il se commettait une injustice en haut lieu, elle te révoltait, et tu le disais carrément.

Quand nous parlions de nos espérances, tu t'enthousiasmais très-bien.

Et souvent, même, nous étions obligés de te calmer parce que tu criais plus haut que nous.

Depuis trois ans à peu près, tu as tout à fait changé. Il semble que rien de ce qui se passe ne te regarde plus.

Quand on te parle de ce que tu aimais ou de ce que tu détestais, tu hausses maintenant les épaules comme un homme devenu complétement insensible.

Nous avons craint pendant longtemps de perdre la République ; tu disais : *ça m'est bien égal.*

Aujourd'hui, nous l'avons ; tu dis : *qu'est-ce que ça me fait ?*

Pas plus loin que la semaine dernière, je t'ai demandé, comme nous sortions de l'atelier :

— As-tu été vérifier si tu étais inscrit sur les listes électorales ?

Tu m'as répondu :

— Peuh !... Pourquoi faire ?...

A quoi penses-tu donc ?

Je tiens à avoir à ce propos une explication catégorique avec toi, citoyen Roger.

J'y tiens beaucoup.

D'abord, parce que ça me démonte de te voir comme ça.

Et puis, une autre chose m'inquiète.

Il paraît que tu n'es pas le seul qui soit devenu ainsi.

On me dit que de tous côtés, dans nos rangs, ces désertions

se produisent, et que le parti le plus puissant que nous ayons à redouter, le parti de la lassitude, se recrute chaque jour parmi nous et s'augmente de tous ceux qui lâchent pied soit par fatigue, soit par manque de foi, soit par mollesse.

Voilà qui ne serait pas rassurant, par exemple!...

Ce ne serait vraiment pas la peine que nous nous soyons donné tant de mal pour voir l'avenir de la France compromis par de telles défaillances.

Voyons, causons, citoyen Roger.

Explique-moi un peu ce qui a pu te transformer à ce point et t'amener à ce degré d'avachissement qui t'a valu à l'atelier ce vilain surnom de *Pisse-froid*.

On ne passe pas, comme tu l'as fait, de l'état chatouilleux à l'état ladre sans motifs.

Quelles sont les raisons de cette indifférence? Cherchons ensemble.

Je crois qu'avec un peu de bonne volonté, on doit aisément les découvrir.

Comme tu n'es, grâce à Dieu, citoyen Roger, ni un pourri, ni un blasé, ni un sceptique, ce serait te faire une grosse injure que d'attribuer ton déplorable désintéressement des choses politiques à ton égoïsme.

Tu vaux encore mieux que cela.

Tu n'as donc pu être amené à l'indifférence que par le découragement.

Depuis que tu as l'âge viril, tu as vu les événements et les révolutions auxquelles tu avais travaillé tourner tellement à l'envers de tes espérances légitimes;

Tu as vu les institutions faire si souvent semblant de changer et rester au fond toujours les mêmes;

Tu as vu tant d'intrigants triompher à tes dépens et si peu

d'honnêtes gens ne pas être les victimes de ce que l'on appelait : leur candeur;

Tu as été tellement trompé, tellement berné, tellement battu, tellement leurré;

Qu'un beau jour, jetant le manche après la cognée, désespérant de voir la vérité triompher de l'erreur et les hommes de conviction des floueurs, tu t'es dit en bourrant ta pipe :

— Ah bast!... au diable le mauvais sang que l'on se fait à voir sans cesse les mauvais écraser les bons!... Les aspirations généreuses? chimères!... La lutte? duperie!... Que tout tourne et retourne... Je ne m'en occupe plus!... Nous sommes destinés à n'obtenir jamais rien, à voir éternellement les mêmes déshérités rester le jouet des mêmes repus!... A quoi bon se ronger le sang au spectacle de toutes ces injustices... Nous n'y pouvons rien, nous n'y pourrons jamais rien... Zut!... qu'ils s'arrangent!... Moi, pour être tranquille, je me débarrasse de tout ce qui me gêne et me rend malheureux; je n'aurai plus ni zèle, ni enthousiasme, ni rêves, ni indignation, ni foi!...

Et depuis ce jour-là, en effet, tu ne t'es plus mêlé de rien, occupé de rien, passionné pour rien.

Pour rien de ce qui est grand et utile, s'entend.

Tu n'as plus lu de journaux, ou, si tu en as lu, tu les as traités de *farceurs* en ricanant, — les bons et les mauvais.

Tu as évité toutes les conversations qui auraient pu réveiller en toi, ce qui n'eût jamais dû s'éteindre : l'amour de la vérité, l'espoir en l'avenir.

Tu t'es figuré que ton rôle était fini, que tu ne pouvais plus être bon à rien.

Tu as été jusqu'à déserter l'urne électorale; car je le sais, depuis deux ans, tu n'as pas voté une seule fois.

En un mot, défenseur d'une idée qui t'était chère, — comme à nous, — tu nous as laissés en route et tu t'es avoué vaincu avant la dernière cartouche.

Donc, ce n'est pas la peine d'aller par trente-six chemins : tu as trahi ta cause.

Si je t'accuse rudement, citoyen Roger, je ne te condamne pas sans appel.

Si je croyais qu'il n'y a plus rien en toi, je te laisserais tranquille.

J'essaie de relever un blessé parce que j'espère en refaire un soldat.

Et tu le redeviendras, en maudissant bientôt une trop longue défaillance.

Oui, j'en conviens avec toi, le désespoir a pu souvent nous mordre au cœur; nous avons eu, surtout dans ces derniers temps, trop de motifs pour craindre et pour nous décourager.

Mais c'était une raison de plus pour rester debout et solide au poste.

Quand donc se raidira-t-on, si ce n'est lorsque l'on sent le pied glisser?

J'appelle de toutes mes forces ton attention sur toi-même, citoyen Roger.

Tu te tromperais cruellement si tu croyais qu'il existe une nuance entre l'indifférence et la trahison.

Celui qui n'est pas dans les rangs des défenseurs de la justice combat pour l'erreur.

Voltaire l'a dit dans un moment où il y avait pourtant beaucoup plus de besogne à faire qu'il n'en reste aujourd'hui :

« Point de quartier aux méchants, aux corrupteurs, et point « d'INDIFFÉRENCE pour la cause des gens de bien. »

Et si tu veux savoir ce que pensait Diderot de ce sentiment qui est à la fois un vice et une lâcheté, relis ceci :

« C'est quand l'INDIFFÉRENCE est générale qu'elle devient quel-« quefois incurable.

« Mais alors, elle annonce que le peuple qui en est atteint « TOUCHE A SA DÉCADENCE. »

Tu vois, citoyen, que l'horoscope n'est pas rassurant.

Veux-tu remonter plus haut — car il paraît que tu as eu des prédécesseurs à toutes les époques.

Tu verras que Solon, pour combattre l'INDIFFÉRENCE des citoyens de la République, avait édicté des lois qui ordonnaient à tout Athénien de prendre parti pour l'un ou l'autre camp dans les discussions politiques.

Solon avait compris, 2,500 ans avant le 2 décembre 1851, qu'un peuple qui ne s'occupe plus de ses affaires ne tarde pas à trouver un sabre qui s'en charge.

Même quand les Césars triomphent, l'indifférence des vaincus est une des choses les plus dangereuses pour une nation, puisqu'elle consacre la défaite du droit et le triomphe de l'usurpation par un silence servile.

A plus forte raison, elle devient un crime, citoyen, dans les temps plus heureux où les peuples plus libres ayant recouvré une partie de leurs droits n'ont plus qu'à conquérir le reste.

Au point où nous sommes arrivés, l'indifférent est un être inutile, nuisible, puisqu'il n'est bon ni à pousser la roue en avant ni à résister à ceux qui veulent la tirer en arrière.

L'indifférence politique — n'importe de quelles causes elle provienne — est la preuve évidente de l'impuissance d'une nation.

Et l'impuissance d'une nation appelle fatalement le joug d'un tyran.

Tu vois, citoyen, où tu mènes !...

Pardon !... je veux dire : où tu nous mènerais.

Car j'avais oublié à qui je parle.

J'avais oublié, qu'en dépit d'une défaillance dont cette sincère explication aura raison, j'en suis sûr, tu es resté au fond ce brave travailleur, cet excellent patriote, en un mot ce vigoureux citoyen, un instant rebuté peut-être, mais jamais découragé, qui retrouvera dans son cœur vaillant tous les trésors qu'il doit à la cause commune : l'amour de son pays, le courage et la foi.

Rentre en toi-même, citoyen Roger — ou plutôt sors de toi-même, citoyen Roger, trop longtemps dit Pisse-Froid.

Et tu reconnaîtras que ton indifférence n'est bonne qu'à faire le jeu des intrigants et des ambitieux.

L'élan est donné. Expie la faute que tu as commise de n'y point prendre ta part en employant toutes tes forces à le rendre irrésistible.

Donc, c'est convenu, n'est-ce pas ?

A partir d'aujourd'hui, plus d'indifférence, plus d'apathie.

Pour commencer, tu vas aller demain te faire inscrire sur le registre électoral.

Si tu n'as occasion de voter que l'année prochaine, tant mieux pour toi. Tu auras échappé au remords d'avoir déserté cette année.

Et la première fois que je te tendrai mon verre pour trinquer à la santé de la République, citoyen, tâche un peu que je te voie reluire quelque chose dans l'œil.

Salut et fraternité.

GERVAIS MARTIAL,

Ouvrier.

LES 50

Lettres Républicaines

DE GERVAIS MARTIAL

OUVRIER

RECUEILLIES PAR TOUCHATOUT

V

GERVAIS MARTIAL AU CITOYEN BUFFET, MINISTRE DE L'INTÉRIEUR

(EN CAS DE DÉPART, FAIRE SUIVRE)

Comme quoi Gervais Martial signale au citoyen ministre quelques passages obscurs et quelques légers oublis dans son programme d'ouverture.

CHEZ TOUS LES LIBRAIRES

1875

Citoyen Ministre,

Je crois de mon devoir de te soumettre quelques observations à propos du programme de gouvernement que tu as lu à la tribune en prenant possession de la vice-présidence du conseil.

Je ne m'attendais certainement pas à ce que cette déclaration satisfît tout le monde.

Non pas que je doute de ton républicanisme, citoyen ministre; tes professions de foi de 1848 et 1863 nous sont un sûr garant de tes convictions.

De plus, qui donc croirait que tu n'es pas républicain, puisque tu as accepté un portefeuille, — le premier portefeuille même, — de la République.

Mais je crois, citoyen ministre, que la promptitude avec laquelle tu as été forcé de rédiger ton nouveau programme t'a fait commettre, à ton insu, quelques légers oublis, quelques *lapsus*, quelques répétitions que tu dois regretter aujourd'hui.

Pour ces choses-là, vois-tu, il vaudrait toujours mieux prendre quelques heures de plus.

Cela permet de se relire et évite un tas de petits malentendus sur lesquels on est obligé de revenir après, ce qui est désagréable pour tout le monde.

Voyons, citoyen ministre, si tu veux le permettre, nous allons revoir ensemble ces quelques passages qui me semblent un peu... *lâchés* dans ton exposé de principes.

Excuse, chez un humble ouvrier, cette prétention de vouloir corriger ta prose.

Et crois bien que je suis le moins mal intentionné de tous les mécontents que tu as pu faire, puisque je ne veux voir que des erreurs de style où beaucoup d'autres voient à tort, j'en suis persuadé, des pensées malveillantes et des manifestations hostiles au nouvel état de choses.

Tu dis dans ta déclaration, citoyen ministre :

—

« Son premier devoir (au nouveau ministère) est de vous faire connaître sa politique. Très-nettement conservatrice (1), elle sera dénuée de tout caractère de provocation comme de faiblesse.....

A quoi je me permets de répondre :

—

« *Politique conservatrice* » est peut-être un mot vague, citoyen ministre ; « *conservateur* » aujourd'hui veut dire naturellement « *républicain.* » Mais pourquoi n'avoir pas précisé ? L'occasion était bonne.

*
* *

« Cette déclaration, qui ne sera démentie par aucun acte du ministère, pourrait paraître superflue, si les interprétations auxquelles a donné lieu le vote des lois constitutionnelles et les conséquences que l'on a tirées de ce vote n'avaient jeté quelque indécision dans l'opinion publique, et, nous devons l'avouer, certaines inquiétudes dans les esprits, qu'il importe de rassurer.

Pardon, citoyen ministre, ceci n'est pas aussi limpide que tu l'eusses voulu probablement. Les nouvelles lois constitutionnelles sont très-claires, et s'il y a des gens qui en ont tiré des conséquences fausses, c'est qu'ils y ont mis de la mauvaise volonté. En tout cas, ceux qui ont compris que « proclamation de la République » signifiait autre chose, sont justement les seuls qu'il importait de ne pas rassurer.

*
* *

« Il faut, avant tout, détruire l'équivoque.....

Ça, c'est aussi mon avis.

« ..... Et faire pénétrer dans « chaque commune de France « cette conviction que la popula- « tion honnête, paisible, labo- « rieuse, attachée à l'ordre (1) par « ses sentiments et par ses inté- « rêts, a le gouvernement de son « côté, et qu'elle peut compter sur « nous pour la protéger contre les « attaques et les passions subver- « sives.

Là, citoyen ministre, tu as fait ce que l'on appelle, je crois, en terme du métier : du remplissage. C'est poncif en diable ta «*population honnête, paisible, attachée à l'ordre,* » ton « *gouvernement protecteur,* » tes « *passions subversives.* » — Et puis tout cela ne répond plus à aucune espèce d'idée; c'est démodé comme les pantalons à carreaux.

***

« Nous serons, d'ailleurs, secon- « dés par une administration in- « telligente et dévouée, qui a su « maintenir l'ordre (2) dans les cir- « constances difficiles que nous « avons traversées, et qui peut « compter sur notre constant ap- « pui.

Ici, par exemple, l'incorrection est plus grave; elle donne à penser que l'administration a dû, depuis deux ans, lutter surtout contre l'émeute, la rébellion, l'incendie, etc., etc... Vois ce que c'est, citoyen ministre, que d'écrire trop précipitamment.

***

« Tant que la question de l'orga- « nisation des pouvoirs publics est « demeurée une question ouverte, « elle a divisé des hommes parfai- « tement d'accord sur la direction « à donner au gouvernement.

C'est parfaitement exact!...

« Cette question résolue, la divi- « sion qu'elle avait créée doit dis- « paraître.

Très-bien!... Bravo!...

***

« Quant à ceux qui eussent voulu « résoudre différemment la ques- « tion constitutionnelle, le patrio- « tisme ne leur conseillera-t-il pas « d'unir leurs efforts aux nôtres « pour défendre les principes d'or- « dre (3) et de conservation (2) so- « ciale? »

Ah!... voilà les redondances!... l'écueil du style; trop rapide, citoyen ministre.

En quarante lignes à peine, tu as parlé deux fois de « *conservation* » et « *défendu l'ordre* » trois fois. C'est peut-être beaucoup pour un ordre que personne n'attaque.

Je passe, citoyen ministre, sur les quelques alinéas attendris que tu as cru devoir consacrer aux victimes fidèles des dynasties déchues, la dernière surtout.

Tu admets, avec des trésors de mansuétude, que le renversement de tous ces trônes — à mes yeux très-peu intéressants, je te l'avoue — a pu « *laisser dans le cœur d'un grand nombre* « *de bons citoyens des regrets et des convictions dignes de* « *respect.* »

Tu aurais pu ajouter : « *et dans leurs porte-monnaies* « *meurtris un vide non moins douloureux.* »

Tu ne l'as pas fait : cela prouve ton bon cœur, citoyen ministre.

Le malheur des gens qui nous ont perdus, la gêne de ceux qui nous ont ruinés t'arrachent presque des sanglots. C'est une question de sensibilité lacrymale.

On est tendre ou on ne l'est pas.

Tu es tendre, citoyen ministre; n'en parlons plus.

Arrivons à la fin de ton programme. C'est là, par exemple, que cela sent la fatigue.

Dans ces vingt dernières lignes, ta plume a de plus en plus fourché et semble t'avoir fait de moins en moins dire ce que tu voulais — ce que tu devais — affirmer.

***

« Le gouvernement a l'intention « de vous soumettre des modifications aux lois qui régissent actuellement la presse. Il importe, « en effet, d'assurer d'une manière « normale une répression efficace « d'excès qui finiraient par discréditer dans l'esprit des hommes « les plus modérés l'usage légitime « de la libre discussion.

Il est bien certain, citoyen ministre, que ce n'est pas du tout là ce que tu voulais dire. Ton copiste a mal lu. Voici ce qu'il y avait sur ton manuscrit :

« Le gouvernement vous sou« mettra une loi sur la presse. Il « importe, en effet, d'assurer enfin « la liberté de discussion dont le « pays est privé depuis si long-

« Tant que cette loi n'aura pas « été votée, le gouvernement ne « saurait renoncer aux pouvoirs « exceptionnels que lui confère « l'état de siége. »

« temps, et sans laquelle aucune « nation ne peut aspirer à aucun « progrès. — Cette loi sera présen- « tée immédiatement, afin de don- « ner un repos bien légitime à l'état « de siége, éreinté de suspendre « chaque jour sept ou huit jour- « naux républicains. »

*
* *

Voilà, citoyen ministre, les quelques observations que j'avais à te faire sur ta récente déclaration, laquelle, à part ces quelques détails, me satisfait entièrement.

Quant au ton rassurant que tu as affecté et exagéré à l'intention des affolés que tu appelles improprement *conservateurs*, je ne t'en fais point un crime.

Là encore, comme pour les bonapartistes, l'excessive sensibilité de ton cœur, la peine que tu ressens en voyant souffrir les gens, t'ont dicté ces bienveillantes paroles qui ont été un baume sur les terreurs cuisantes de ces intéressants trembleurs.

Tu t'es dit — parce que tu as l'âme très-tendre, citoyen ministre :

— Voilà des braves gens que la proclamation de la République a plongés dans une peur atroce. Ils croient que, sous ce nouveau régime, on va les couper en seize, les persécuter, les martyriser, et leur fumer tous leurs bons cigares... Je serais bien cruel si je ne les rassurais pas un peu.

Alors, dans un admirable mouvement de charité qui t'honore, citoyen ministre, tu as dit à ces outranciers de l'angoisse :

— Ne craignez rien, mes bons amis les conservateurs, tout sera conservé ; nous conserverons, pour les gens qui conservent les principes de la conservation, la même tendresse que conservaient, pour les classes conservatrices, les ministres conservateurs que l'Assemblée n'a pas conservés.

Tu as oublié le *conservatoire* des arts et métiers et les *conserves* de haricots flageolets ; mais on ne pense pas à tout.

Je te le répète, citoyen ministre, tu as bien fait de calmer les inquiétudes de tous ces honorables citoyens qui se voyaient déjà livrés à toutes les horreurs d'un pillage vif et animé, parce que monsieur de Meaux entrait dans un ministère d'où venait de sortir M. de Cumont.

Mais, tout en leur faisant cette politesse, cela t'empêchait-il de donner à la majorité libérale du pays — qui n'est pas sans quelques inquiétudes — un tout petit gage de ton respect pour le nouvel état de choses attendu par la nation avec tant d'impatience — et même de patience — et accueilli par elle avec tant de bonheur ?

Qu'est-ce que ça t'aurait coûté, par exemple, d'écrire dans ton programme une ou deux fois de moins : *ordre et conservation*, et une ou deux fois de plus ; *République et liberté ?*

Une seule fois même eût suffi.

On n'est pas exigeant.

Tout le monde est bien persuadé, citoyen ministre, qu'en omettant d'écrire ce mot, tu l'as fait sans aucune intention mauvaise et que ce n'est de ta part qu'un simple oubli.

Mais, vrai... cet oubli est regrettable.

Cela nous aurait fait tant plaisir de t'entendre dire par exemple :

— La République, qui est désormais le gouvernement de la nation, saura, etc., etc.

Si je me suis permis, citoyen ministre, de te signaler ces

quelques lacunes dans ton programme, ce n'est pas que j'y attache personnellement une grande importance.

Je sais bien que tu n'as pas l'intention d'essayer de remonter le courant ; tu es trop bon citoyen pour cela.

Seulement j'ai remarqué que beaucoup de gens avaient été si désappointés de ta persistance non-seulement à ne pas mettre les points sur les I, mais encore à les retirer, que j'ai cru devoir te signaler leurs inquiétudes.

On trouve généralement que tu as trop paru dire à certaines personnes :

« Le gouvernement tient à bien préciser que les choses étant « changées resteront les mêmes. »

C'est d'un fâcheux effet.

Quant au fond, moi, je suis parfaitement tranquille et je reste convaincu que telle n'a pas été ton intention.

Tu es absolument décidé, je n'en doute pas un seul instant, à remplir loyalement ton nouveau devoir et à employer tous tes efforts à la consolidation de la République, dont tu as oublié de parler sans doute parce que tu étais trop occupé à y penser.

Salut et fraternité.

GERVAIS MARTIAL,

Ouvrier.

LES 50

Lettres Républicaines

DE GERVAIS MARTIAL

OUVRIER

RECUEILLIES PAR TOUCHATOUT

VI

GERVAIS MARTIAL AU CITOYEN MARQUIS DE CASTELLANE

Où Gervais Martial essaie de faire comprendre au citoyen marquis que le remplacement d'une assemblée par une autre n'amènerait aucun tremblement de terre.

CHEZ TOUS LES LIBRAIRES

1875

Citoyen marquis de Castellane,

Je viens causer avec toi, citoyen, d'une chose à propos de laquelle nous ne sommes pas tout à fait d'accord.

Cette chose, c'est la dissolution.

Tu sembles absolument convaincu que si l'on demandait aujourd'hui à la France d'élire une nouvelle Chambre, nous serions, avant trois mois, livrés à toutes les horreurs de l'anarchie.

L'autre jour, à l'Assemblée, tu as prononcé les paroles suivantes que je n'ai pu oublier, tant elles m'ont paru enfantines :

« *Il ne faut pas livrer le pays à l'effroyable mêlée poli-*
« *tique dont la dissolution serait certainement le signal...*
« *Il ne faut pas donner au parti démagogique l'occasion*
« *de pêcher en eau trouble...* »

Ainsi, tu penses, citoyen marquis, que les mêmes électeurs qui ont été assez intelligents pour te choisir, il y a quatre ans, lorsque pourtant, affolés par une foudroyante invasion, ils n'avaient pas tout à fait la tête à eux, ne seraient plus capables, aujourd'hui qu'ils ont pu retrouver leur calme et leur sang-froid, que de te remplacer par des monstres sans foi, sans talent et sans patriotisme ?

Ce n'est peut-être pas très-poli pour tes mandants, citoyen marquis.

Bref, c'est ta conviction ; je la respecte, parce que je suis persuadé qu'en pensant ainsi, tu crois agir pour le bien de ton pays.

Seulement, je ne suis pas du tout de ton avis.

Je sais bien que beaucoup de gens raisonnent comme toi.

Et c'est justement cela qui m'a décidé à t'écrire à ce sujet.

Cette peur effroyable que ressentent les « *conservateurs* » pour la dissolution, c'est à toi qu'ils la doivent, c'est dans tes discours qu'ils l'ont puisée, et tes dernières paroles, celles que je citais tout à l'heure, ont sans doute contribué pour beaucoup à augmenter cette terreur.

Donc, c'est à toi, citoyen marquis, que je m'en prends.

Ma conviction est qu'en parlant ainsi de la dissolution, en faisant aux bonnes gens qui t'écoutent un monstre de la chose la plus inoffensive du monde, tu te trompes du tout au tout.

Je crois que tu penserais autrement, citoyen marquis, si tu connaissais réellement l'état de l'opinion publique, que ton devoir serait pourtant d'étudier autre part que dans les colonnes du *Figaro* et autres feuilles de la même farine.

Si, au lieu d'avoir arrêté ton chronomètre au mois de mars 1871, tu avais suivi avec attention la marche des esprits, tu n'en serais point arrivé, citoyen marquis, à prononcer aveuglément que la France d'aujourd'hui est restée celle d'il y a quatre ans.

Pendant que tu pivotais sur place, ressassant constamment deux ou trois clichés réactionnaires, bons tout au plus à affoler les vingt-cinq abonnés de la *Patrie*, tout se modifiait autour de toi.

L'examen, la réflexion, les souffrances même, mûrissaient ce peuple que tu crois si incapable de sagesse et de raisonnement.

Si bien que maintenant, citoyen marquis, toi qui n'as pas fait un pas quand tout le monde marchait, tu te trouves en retard de quatre bonnes années sur nous tous, et ne te rends pas compte le moins du monde que nous ne sommes plus, — si nous l'avons jamais été, ce qui n'est pas du tout prouvé, — ce peuple atteré, fou, ivre, qui te paraît disposé, si on le laissait faire, à choisir pour représentants tous les échappés de Charenton ou du bagne qui voudraient solliciter son mandat.

Voilà une erreur, par exemple, citoyen marquis,... et une erreur dangereuse.

Tu te trompes bien fort si tu crois que le suffrage universel est un si gros idiot que cela.

Il a des défauts, le suffrage universel, oui... mais pas encore celui-là.

Ces défauts, je vais te les dire tout de suite. Tu vois, citoyen marquis, que j'y mets de la bonne foi.

D'abord, il manque encore beaucoup d'instruction. Mais tu m'accorderas bien que ce n'est pas tout à fait de sa faute. Ses études ont été si souvent interrompues par des vacances forcées !...

Ensuite il a un assez mauvais caractère, surtout lorsqu'on le prend mal.

Quant à cela, j'en conviens de bonne grâce, citoyen marquis, le suffrage universel a fait des coups de tête. Seulement, si tu veux bien te souvenir dans quelles circonstances, tu reconnaîtras avec moi qu'il n'avait peut-être pas tous les torts.

Prenons si tu veux, par exemple, l'élection Rochefort, en 1869.

Écœuré de l'empire, las des ministres à poigne, révolté par les injustices, excité par les violences, n'ayant plus qu'un moyen d'exprimer son mépris et son dégoût, le suffrage universel, à qui le parti républicain proposait un homme pratique, Carnot, nomme Rochefort, un pamphlétaire.

Pourquoi, citoyen marquis?
Tu le sais aussi bien que moi.
Parce que l'élection de Rochefort « *embêtait* » l'empereur.

Le suffrage universel savait très-bien que Rochefort, malgré toute sa verve, n'amènerait pas mieux que Carnot l'Empire à nous rendre nos libertés.

Mais Rochefort « *embêtait* » l'empereur!...

Si le peuple de Paris eût supposé que Troppmann « *embêtât* » encore plus l'empereur, il eût nommé Troppmann.

Nous en étions là.

— Triste!... dis-tu.

— Oui, je veux bien; mais à qui la faute?

Veux-tu que nous prenions un exemple plus récent?

En 1873, un siége devient vacant à l'Assemblée de laquelle tu fais partie.

M. de Rémusat se présente, patronné pourtant par M. Thiers qui, à cette époque, avait donné quelques petits, petits gages à la République.

M. de Rémusat est blackboulé.

Barodet est élu.

Pourquoi?

Encore un mouvement de mauvaise humeur, et de mauvaise humeur très-explicable à mon avis, citoyen marquis.

Rappelle-toi.

Quelques mois avant, en pareille circonstance, le suffrage universel avait été sage comme une image; tu le sais.

Victor Hugo et Vautrain étaient concurrents.

Les modérés avaient dit aux républicains :

— Victor Hugo est certes le député qu'il vous faut; mais faisons une avance à Versailles, nommons Vautrain qui est dans les eaux douces; ça fera bien, et Versailles répondra à cette amabilité par des flots de concessions!...

Et les républicains avaient nommé Vautrain.

Lequel Vautrain n'avait amené Versailles à aucune espèce de tendresses envers Paris, au contraire.

Ce qui explique suffisamment, n'est-ce pas, citoyen marquis, que les Parisiens se soient dit quelque temps après avec un certain dépit :

— Quand nous montrons les crocs, ça dérange tout ; quand nous faisons la bouche en cœur, ça n'arrange rien... Ce n'est plus la peine de nous forcer pour faire la grimace.

Mais, citoyen marquis, il faut bien nous garder de juger le suffrage universel d'après ces exemples pris dans des circonstances qui ne sont plus du tout celles qui se présentent aujourd'hui.

Il ne faut pas perdre de vue qu'un peuple, à qui le droit de parler est rendu, se sert de sa langue tout autrement qu'il ne s'en servait lorsqu'on voulait le faire taire.

La violence appelle la violence.

C'était notre cas en 1869.

C'était même encore un peu notre cas en 1873, puisqu'à cette dernière époque tout nous était contesté.

Mais la liberté ne laisse plus de prise qu'à la discussion.

Ce qui est notre cas depuis le 25 février 1875.

Avant ce jour-là, avant que la République ne fût reconnue, oui, sans doute, citoyen marquis, tu eusses peut-être été dans le vrai en redoutant que la dissolution n'amenât des élections que tu appelles : radicales.

Je crois même, avec toi, que la France, agacée de la longue contrainte qui lui était imposée, irritée de la résistance que l'on opposait à ses volontés, eût très-bien pu forcer la note et manifester son mécontentement par des votes un peu violents.

Aujourd'hui, citoyen marquis, tes craintes seraient vaines, parce que nous ne donnons plus sur ce terrain des revendications brutales, mais bien sur celui des accommodements sérieux et conclus de bonne foi.

Les républicains ont passé par de trop pénibles épreuves pour ne pas connaître le prix d'une chose acquise avec tant de peine et ne pas faire tout ce qu'il faut pour la conserver.

Autre chose est de lancer à la tête d'un souverain qui vous dégoûte depuis longtemps, une élection excentrique qui a, dans ce cas, la signification d'un mot... plus qu'énergique employé en pareille circonstance, ou d'user raisonnablement du droit que l'on a reconquis d'élire, comme délégués, des hommes de principes et de talent.

Sois persuadé, citoyen marquis, que le suffrage universel sait faire la différence des temps.

Et que s'il est emporté quand on le vexe, il sait être calme quand on le traite comme il le mérite.

Viennent des élections générales, que tu parais tant redouter, citoyen marquis.

Et tu verras si la France, sûre maintenant qu'elle tient la République et n'a plus qu'à la consolider par sa modération et sa sagesse, s'amuse, comme tu le crois, à envoyer à la Chambre des hommes à qui elle donnera pour mandat impératif de faire des scandales et des « *pétards*. »

Moi, citoyen marquis, j'ai la ferme conviction qu'il n'en sera rien.

Tout amène sa réaction, tu le sais.

La France violentée dans ses tendances, froissée dans ses sympathies eût peut-être voté rouge il y a un mois.

Traitée avec déférence, satisfaite dans une partie — même très-faible — de ses aspirations, elle votera rose.

J'espère, citoyen marquis, que mes raisons te paraissent bonnes, et que tu renonceras à nous représenter la dissolution comme un engin infernal devant nous mener à l'engloutissement.

Jamais, peut-être, le suffrage universel n'a été si bien préparé qu'aujourd'hui à être questionné sur ce qu'il veut.

Car, jamais il n'a été mieux disposé pour répondre avec calme et sagesse, puisque, n'ayant plus de colère, il reprend toute la liberté de son jugement.

Je ne sors pas de là, citoyen marquis; le suffrage universel est le meilleur enfant du monde, mais un peu vif.

Quand on le brutalise, il répond quelquefois de gros mots.

Mais quand on lui parle poliment, il donne toujours de bonnes raisons.

Salut et fraternité.

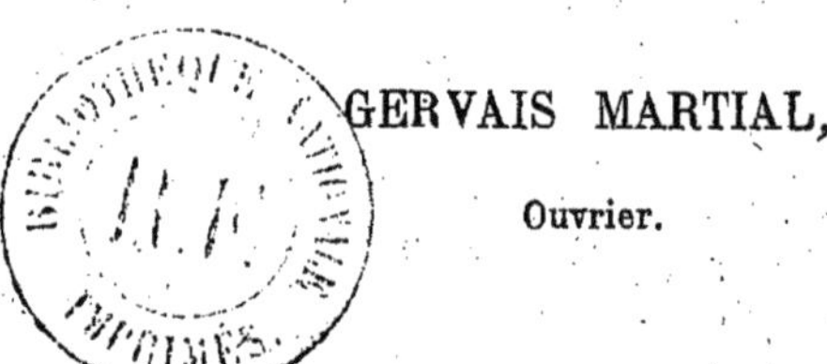

GERVAIS MARTIAL,

Ouvrier.

LES 50

Lettres Républicaines

DE GERVAIS MARTIAL

OUVRIER

RECUEILLIES PAR TOUCHATOUT

VII

GERVAIS MARTIAL AU CITOYEN LOUIS VEUILLOT

Où Gervais Martial soumet au citoyen Louis Veuillot ses impressions touchant L'INTOLÉRANCE, qu'il considère comme le plus sûr moyen de faire passer devant la porte d'une maison les gens qui se disposaient peut-être à y entrer.

CHEZ TOUS LES LIBRAIRES

1875

Citoyen Louis Veuillot,

Permets que je t'adresse, citoyen, cette septième *lettre républicaine*, dans laquelle je voudrais causer avec toi d'une question, — assez grave, dit-on, — mais qui me paraît pourtant bien simple à moi :

Celle de la liberté de conscience.

Si je me permets de te soumettre mes réflexions à cet égard, citoyen Veuillot, c'est que justement plusieurs circonstances toutes récentes semblent remettre cette question à l'ordre du jour.

Et comme tu t'en occupes spécialement, et même avec une certaine vigueur, j'ai pensé que c'était avec toi plutôt qu'avec tout autre que je devais m'entendre.

Tu sais, citoyen Veuillot, que, depuis quelques jours, certains faits se sont produits qui ravivent d'une façon bien déplorable la trop âpre querelle entre les croyants et les libres penseurs.

Querelle d'autant plus sotte en somme, qu'elle ne repose, selon moi, que sur des malentendus.

D'ailleurs, tu ne l'ignores pas, il n'y a que les malentendus qui peuvent brouiller ensemble les gens de bonne foi.

Le plus urgent est donc de les faire cesser.

Si tu te souviens, cela a commencé, il y a environ une quinzaine de jours, à propos de l'enterrement, — pourtant religieux, — d'un de nos plus grands peintres.

Cette cérémonie a causé en pleine église, — à Saint-Eugène, je crois, — un petit scandale que je regrette assez pour ne pas te le rappeler dans tous ses détails.

Et tu le regrettes, j'en suis sûr, autant que moi.

Nous avons bien raison tous les deux, citoyen Veuillot, de déplorer les incidents de cette nature, car personne n'y gagne et tout le monde y perd.

L'émotion était à peine calmée que, crac!... voilà les journaux qui s'émaillent à l'envi d'un certain arrêté rendu par un maire de campagne à propos de l'enterrement civil d'un de ses administrés.

Ce brave homme avait cru faire preuve d'un beau zèle en parsemant sa prose officielle de mots mal sonnants à l'adresse du défunt.

Des mots comme ceux-ci, par exemple :

« Il sera procédé à l'*enfouissement* du corps à telle heure.

« Le cadavre sera *enfoui* sans aucun discours, » etc., etc.

Évidemment tu blâmes aussi, n'est-ce pas, citoyen Veuillot, cet officier municipal assez peu convaincu de la majesté de son mandat pour rédiger ses arrêtés en style des feuilletons de Xavier de Montépin.

Car enfin, en ce moment où les vœux et les efforts des citoyens tendent vers la concorde dont ils sont privés depuis si longtemps, celui qui vient à propos de bottes irriter les passions par des mots provocateurs est bien mal avisé ou bien coupable.

Enfin, l'opinion publique, occupée en ce moment à des choses bien autrement sérieuses, avait laissé tomber de son mieux ces deux faits isolés, rompant, pour ainsi dire, devant des scandales qui pouvaient, — par leur discussion, — nuire à la bonne entente qui est devenue le seul programme du jour.

Quand tout à coup, il y a quelques jours à peine, un nouvel incident, — c'est comme un fait exprès, ma parole d'honneur, citoyen Veuillot, — est encore venu jeter du vinaigre sur notre malheureuse plaie de l'intolérance, déjà bien assez à vif cependant.

Tu as vu, n'est-ce pas, dans les feuilles publiques, qu'un honorable prédicateur de Saint-Roch, si j'ai bonne mémoire, — le révérend Père Ollivier, je crois, — vient de causer quelque tumulte en introduisant dans ses sermons de carême certains arguments de combat assez irritants, dit-on, et peu empreints, — toujours à ce que l'on prétend, — de cette douceur évangélique, qui est, tu n'en disconviendras pas, citoyen Veuillot, un des plus irrésistibles attraits de cette admirable religion de charité que nous aimons tous deux.

Pas de la même façon peut-être, mais enfin que toi et moi chérissons au même degré, c'est l'essentiel.

Tous ces accrocs qui viennent de se produire si malencontreusement et coup sur coup ne viendront certainement pas à bout de ce besoin profond de réconciliation et de fraternité auquel tous les bons citoyens ont, depuis un mois, tous fait plus ou moins de sacrifices.

Mais cela n'empêche pas qu'ils soient très-fâcheux, en ce sens qu'ils tendent à ranimer bien mal à propos entre nous ces haines fatales qui naissent des questions de foi.

Et entre nous, citoyen Veuillot, c'est bien absurde; car s'il est un sentiment qui ne devrait jamais éveiller de haine chez les hommes, c'est bien celui de la foi.

Que les peuples se déchirent pendant des siècles pour un lambeau de territoire;

Qu'ils se massacrent comme des idiots pour le compte de leurs souverains respectifs qui les grugent avant, pendant et après;

Qu'ils s'entre-dévorent pour se chiper leurs pendules et leurs armoires à glace;

Tout cela se comprend à la rigueur.

Il se tuent pour quelque chose de bête et d'immoral, mais au moins ils se tuent pour quelque chose.

Tandis que dans les questions de foi, avec la meilleure loupe du monde, il serait impossible d'apercevoir le bénéfice que peut tirer le plus fort en violentant le plus faible.

La foi étant peut-être la seule chose contre laquelle la force ne puisse rien, je crois que tu penses avec moi et bien d'autres, citoyen Veuillot, que les gens assez heureux pour croire à quelque chose, — fût-ce à la revalescière, — n'ont pas autre chose à tenter contre ceux qui n'y croient pas que de tâcher de les y faire croire en leur prouvant qu'elle guérit effectivement, avec un égal succès, la diarrhée et la constipation.

Partant de ce principe, que tous les hommes de bonne foi admettent sans marchander, je ne doute pas un seul instant, citoyen Veuillot, que tu ne blâmes, avec la verdeur que nous te connaissons, ces procédés de provocation et d'intolérance, qui sont autant de maladresses puisqu'ils ont pour effet certain d'éloigner sûrement de l'usage de la revalescière beaucoup de gens qui arriveraient sans doute à en avaler si on ne les prenait pas brutalement à rebrousse poil.

Tu connais, citoyen Veuillot, cette réclame qui a fait tant de bruit : « *Le meilleur chocolat est le chocolat Perron.* »

L'industriel qui l'a inventée était parfaitement dans son droit, ce qui ne l'a pas empêché de faire une grosse fortune, parce que tout le monde en lisant ses prospectus se disait :

— Tiens... il faudra que je voie réellement si ce chocolat est meilleur que les autres.

Eh bien! admettons un instant que ce chocolatier ait obtenu qu'un gouvernement quelconque prît son chocolat sous sa protection officielle, en fît un « *chocolat d'État,* » et gravât sur toutes les tablettes :

« Tous ceux qui n'achètent pas du chocolat Perron sont « des imbéciles ; ils seront poursuivis selon la rigueur des « lois. »

Que serait-il arrivé ?

Sans aucun doute le public se serait dit en masse :

— En voilà un toupet, par exemple, de décréter que je dois trouver bon un chocolat qui peut me sembler mauvais.

Et il eût acheté de préférence du chocolat... Menier.

Le chocolat Menier, peut-être, n'eût pas valu le chocolat Perron. C'est possible.

Mais les consommateurs lui eussent trouvé une saveur d'indépendance qui les eût amplement consolés de la quantité de cacao qui pouvait y manquer.

Eh bien ! citoyen Veuillot, il en est des croyances comme du chocolat.

Celle du respectable père Ollivier, celle du maire en question, celle du citoyen curé de Saint-Eugène dont nous parlions tout à l'heure, peuvent contenir beaucoup plus de cacao que les autres.

Mais le meilleur moyen d'amener ceux qui en consomment d'autres à changer de fournisseur est de leur prouver qu'ils se font voler ailleurs.

Tu es trop bon chétien, citoyen Louis Veuillot, et tu connais surtout trop bien ton histoire pour avoir perdu de vue qu'en fait de foi l'intolérance a toujours fait des martyrs, jamais des convertis.

Et tu sais beaucoup mieux que moi que ce sont les martyrs et non les bourreaux qui créent les religions.

Je te fais grâce des persécutions dirigées contre les protestants; je te fais grâce de la saint Barthélemy et de la révocation de l'édit de Nantes; je te fais grâce des dragonnades,

Et je remonte tout droit à Jésus-Christ dont la foi était alors une « *passion subversive* » aux yeux des de Broglie du temps et qui, par le supplice de celui qui la prêchait, est devenue ce qu'elle est aujourd'hui : le plus pur et le plus sacré de tous nos biens.

Voltaire a dit :

« *Si je faisais une religion, je mettrais l'intolérance au* « *rang des sept péchés mortels.* »

« *Prêcher l'intolérance* — a écrit M. Laboulaye — *c'est soumettre la foi à la police.* »

Il faut donc, citoyen Veuillot, dans l'intérêt même de la religion que nous respectons tous, nous élever de toutes nos forces contre ces excès de zèle et ces violences qui ne sont bonnes qu'à froisser les convictions, et dans aucun cas ne peuvent espérer les modifier.

Oublions, si tu veux, les trois faits que je t'ai signalés en commençant cette lettre, et qui m'ont décidé à te l'adresser.

Oublions ce curé qui se trompe au point de faire dégénérer en semonce aux vivants l'éloge du mort que l'on avait confié à ses prières.

Oublions ce maire de campagne provoquant sur un cercueil les discussions violentes.

Oublions ce prédicateur véhément laissant tomber du haut de sa chaire, au lieu de paroles de paix et de charité, des réquisitoires amers.

Oublions tout cela

Et disons-nous que ce sont des erreurs.

Mais, pour l'avenir, évitons de retomber dans ces excès, d'où ne peuvent sortir que la discorde.

Je lis souvent ton journal, citoyen Veuillot, et je t'y vois fréquemment t'élever avec vigueur contre l'indifférence religieuse de notre siècle.

Je ne crois pas que tu sois dans le vrai; car l'amour de la justice, la charité, l'honneur et le travail me semblent, au contraire, plus que jamais passionner le peuple au milieu duquel je vis.

Or, si ces vertus-là ne constituent pas une religion et une bonne, je ne sais vraiment de quoi les autres sont faites.

Mais j'admets un instant, citoyen Veuillot, que tu aies raison.

C'est entendu, le niveau de la croyance religieuse baisse, les hommes ne vont plus assez souvent se prosterner devant Dieu, la foi est ébranlée, les vertus pâlissent, les églises sont désertes.

Eh bien... n'est-ce pas le moment de prêcher plus haut la vertu et la foi ?

Et comment la religion commande-t-elle de ramener les indifférents et les égarés ?

Est-ce en leur lançant des anathèmes furieux qui les font fuir encore plus vite ?

Ou en leur offrant avec douceur, sans relâche et sans impatience, tous les dons divins qui doivent les rendre meilleurs et les sauver ?

Je ne te fais pas l'injure de conclure, citoyen Veuillot; ce n'est pas à toi que l'on peut se permettre de citer les Évangiles.

J'ai tenu à causer avec toi des malheurs dont nous menacerait l'intolérance si nous y succombions.

En matière de foi, la persuasion seule est une arme.

Ceux qui entrent dans les églises ont le droit d'y attirer ceux qui passent devant sans y entrer.

Le meilleur moyen, c'est de leur tendre les bras. Il réussirait j'en suis certain.

Mais en leur montrant le poing. Jamais !...

Salut et fraternité.

GERVAIS MARTIAL,

Ouvrier.

LES 50

Lettres Républicaines

DE GERVAIS MARTIAL

OUVRIER

RECUEILLIES PAR TOUCHATOUT

VIII

GERVAIS MARTIAL AU CITOYEN DUC D'AUDIFFRET-PASQUIER

Où Gervais Martial complimente le citoyen duc d'avoir un peu rafraîchi le cœur des Français, qui en avait besoin, avec quelques paroles solides ; et profite de l'occasion pour lui soumettre ses impressions en matière de conversion au républicanisme.

CHEZ TOUS LES LIBRAIRES

1875

Citoyen duc,

Après la vigoureuse allocution que tu as prononcée en prenant possession de la présidence de l'Assemblée nationale, je ne pouvais guère adresser à un autre qu'à toi cette lettre dans laquelle je voudrais te dire ma façon de penser sur les conversions républicaines.

Depuis le 25 février dernier, nous avons vu presque chaque jour, citoyen duc, se rallier à l'idée démocratique des hommes que leur passé et leurs attaches semblaient condamner à en demeurer les éternels ennemis !

Le mouvement s'accentuant, nous allons prochainement en voir bien d'autres.

Tant mieux !

Ce n'est pas moi qui pousserai jamais à la défiance envers les nouveaux venus dans le parti républicain.

Dire pourtant que je leur confierais les destinées de la République, de préférence à ses plus anciens serviteurs...

Non... ah ! non...

Mais enfin, j'ai toujours trouvé si admirable cette phrase : « *Il y a plus de joie au ciel pour un pécheur qui se* « *repent que pour dix sages qui persévèrent* », que j'aime à en faire les honneurs à notre chère République.

Et pour mon compte, citoyen duc, j'ai éprouvé l'autre jour

beaucoup plus de joie à t'entendre parler avec véhémence de nos « *libertés publiques,* » que je n'en ressens chaque matin en lisant dans mon journal l'apologie de ces mêmes principes par les journalistes républicains qui les défendent depuis longtemps.

C'est qu'en effet, citoyen duc, la conquête d'un homme tel que toi est précieuse.

Et quand l'on voit un d'Audiffret, un duc !...

Le même dont les anciennes sympathies monarchiques ne sont un secret pour personne ;

Le même qui, le 13 mai 1871, a voté la loi qui demandait au clergé des prières publiques ;

Le même qui, le 8 juin, a demandé l'abrogation des lois d'exil frappant la maison de Bourbon ;

Le même qui, le 21 juillet, entreprit, dans un discours resté célèbre, la réhabilitation de « *la monarchie tant décriée* » et du « *clergé également victime des calomnies des républicains* » ;

Respirons !...

Le même qui refusait de voter la constitution Rivet, parce qu'elle accordait à M. Thiers le titre de président de la République ;

Le même qui se prononça toujours contre le retour de l'Assemblée à Paris ;

Le même qui, à ce propos, prétendit que « *au milieu de* « *deux millions d'âmes agglomérées, les royalistes prêchaient* « *dans le désert* » ;

Le même qui vota constamment avec les royalistes contre M. Thiers;

Le même qui s'opposa sans cesse à la dissolution ;

Etc., etc.;

Quand l'on voit, te disais-je tout à l'heure, citoyen duc, des hommes comme toi, des hommes dont le passé réactionnaire est tout d'une pièce, dont les tendances rétrogrades ne s'étaient jamais démenties, venir un beau jour, en plein fauteuil présidentiel d'une assemblée parlementaire, dire les choses libérales et profondément sensées que tu as dites l'autre jour;

Quand l'on voit cela, il faut plus que jamais espérer le salut d'une nation où se trouvent des hommes de soixante ans, d'assez de cœur et d'énergie pour secouer d'un seul coup, quand le salut de leur pays l'ordonne, le demi-siècle d'erreurs, de sympathies égarées, d'attaches personnelles et de principes de convention qu'ils traînaient lourdement derrière eux.

Tout le monde en France, tu peux en être certain, citoyen duc, a recueilli avec encore plus de satisfaction que de surprise les paroles fermes et droites que tu as prononcées.

Deux alinéas qui ont été principalement les bienvenus sont les suivants :

« Vous n'avez pas oublié, messieurs, ce que peut coûter à « un pays l'abandon de ses libertés publiques.

« Prouvons-lui que la plus sûre garantie de l'ordre et de la « sécurité dont il a tant besoin, c'est la liberté. »

Cette double affirmation du principe libéral a produit un effet immense.

Il faut dire aussi, citoyen duc, que tu as été fameusement servi par les circonstances.

L'opinion publique était tellement assombrie et attristée depuis quelques jours par les regrettables menaces de « *passions subversives* » du citoyen Buffet, qu'elle était toute disposée pour une réaction bienfaisante et toute prête à sauter au cou du premier citoyen mieux avisé, qui viendrait lui parler d'autre chose que du croquemitaine de l'anarchie et des vertus souveraines de l'état de siége.

Tu as donc, citoyen duc, conquis en une demi-heure plus de

popularité que ne t'en avaient valu trente années de classedirigeantomanie assidue.

Et aujourd'hui tes deux phrases topiques sur les libertés publiques sont dans tous les cœurs et sur toutes les lèvres.

C'est un joli succès, sais-tu, citoyen duc, pour un homme dont le lourd passé pouvait faire craindre un invincible entêtement et une éternelle répugnance à accepter le courant des idées nouvelles.

Je ne te demande pas, citoyen duc, jusqu'où va ton républicanisme fraîchement éclos.

Parbleu!... je me doute bien qu'il n'a pas en une nuit franchi des distances folles!...

Celui qui après avoir pris une mauvaise route est obligé de revenir sur ses pas, demeure longtemps en retard sur celui qui a toujours suivi le bon chemin.

Qu'importe que tous ceux qui vont au même endroit ne soient pas toujours exactement ensemble au même point du voyage.

L'essentiel est de savoir que l'on se retrouvera toujours au bout.

Et puis, quand l'on voit derrière soi un marcheur attardé qui y met de la bonne volonté, on l'attend un peu.

Il y a une grande différence entre le camarade de route qui cherche à vous rattraper et le gêneur qui essaie de vous empêcher d'avancer.

On ferait bien des choses pour le premier.

Pour l'autre... rien du tout.

On avait inventé en 1848, si tu te souviens, citoyen duc, une imbécillité que l'on n'essaiera pas de renouveler aujourd'hui, je l'espère.

C'était un classement puéril des citoyens en républicains de la veille et en républicains du lendemain.

Je comprends cette distinction de la « *veille* » et du « *lendemain* » pour beaucoup de choses de la vie usuelle.

Le poisson par exemple :

Il est évident qu'un maquereau de la veille n'est pas si bon qu'un maquereau du jour, et que l'idéal serait de pouvoir en manger un du lendemain, si cela se pouvait.

La chose a encore quelque importance pour les billets de faveurs au Vaudeville.

Ainsi, à une stalle d'orchestre, pour le lendemain, je préférerais de beaucoup une stalle d'orchestre pour la veille, parce qu'au moins je serais sûr de ne plus pouvoir m'en servir.

Mais en fait de républicains, cette nuance m'échappe absolument, citoyen duc.

Je ne puis comprendre en quoi un républicain du lendemain ne vaut pas un républicain de la veille, du moment qu'il est convaincu.

Et même, si j'osais risquer une théorie qui te paraîtra peut-être paradoxale, j'essaierais assez volontiers de te soutenir que les affections qui naissent d'un long examen me semblent devoir offrir des conditions toutes particulières de solidité.

Tu vois que je vais loin.

Mais on ne va jamais trop loin, lorsque l'on va au-devant de ses nouveaux amis.

Donc, citoyen duc, il n'y avait selon moi, en 1848, et il n'y a encore en 1875 que les vrais républicains et les faux.

Les vrais, — quelle que soit la date de leur initiation, — sont ceux qui ne voient de grandeur et de prospérité possibles pour un peuple que dans le respect de *ses libertés publiques*, comme tu l'as si bien dit.

Les vrais, — quels qu'aient pu être leurs égarements antérieurs, — sont ceux qui, à force de réflexions et d'examen, sont arrivés à cette ferme conviction que leur pays ne peut se régénérer que par la virilité de ses mœurs, et que les mœurs d'une nation ne peuvent que s'avilir sous un régime monarchique, qui entraîne fatalement avec lui la corruption et l'insatiabilité des courtisans, la misère et la servilité du peuple.

Les faux républicains, citoyen duc, ce sont les intrigants à qui tous les régimes sont bons — despotiques ou autres — pourvu qu'ils trouvent dans celui qui triomphe, le pouvoir, les immunités et les honneurs pour lesquels rien au monde ne les persuaderait qu'ils ne sont pas nés.

Ceux-là, citoyen duc, aucune forme de gouvernement ne les prend sans vert.

Vivent-ils sous l'Empire? Ils se disent impérialistes. Seulement ils ajoutent le qualificatif *libéraux*, par précaution. On ne sait ce qui peut arriver.

La République éclate-t-elle? Ils sont encore là et lui offrent leurs services. Alors, ils s'intitulent effrontément : républicains.

Seulement, toujours soucieux de l'avenir, ils font encore une rallonge au mot, et mettent sur leurs chapeaux, en tout petit :

RÉPUBLICAIN

Et en très-gros :

CONSERVATEUR

L'Empire revient-il?...

Mais nous irions longtemps comme cela; tu m'as compris, n'est-ce pas, citoyen duc.

Ces gens-là, — la forme du gouvernement peut changer dix fois en vingt ans, — le peuple les retrouve toujours debout devant lui.

Et ce qu'il y a de plus triste : toujours lui barrant la route et s'opposant à tout progrès.

Ils se sont sacrés *dirigeants* de leur autorité privée.

Quel que soit le régime, il faut qu'ils *dirigent*.

Et toujours ils trouvent un pouvoir qui les laisse *diriger* en son nom.

De tout temps, il faut en convenir, citoyen duc, ils ont été puissamment aidés dans leurs goûts insatiables pour la *direction* à outrance par la protection des gouvernants et par l'ignorance des gouvernés.

Du reste, il le fallait bien ainsi pour qu'ils se maintinssent sur un siége si grossièrement usurpé ; car, en somme, ils ne sont pas malins.

Ils ne « *dirigent* » que les choses et les hommes facilement « *dirigeables.* »

A la moindre difficulté qu'ils rencontreraient ils ne pourraient plus rien « *diriger* » du tout.

Et ils le savent bien.

Vois..... jamais ils n'ont essayé de « *diriger* » les ballons.

Parce qu'il y a du vent, me diras-tu ?

Oui... Eh bien... soufflons un peu ; ça fera du vent; et au bout de cinq minutes, ils ne sauront plus où ils en sont.

Je me résume, citoyen duc, nous n'avons donc aucune différence à établir entre les républicains de la veille et ceux qui, comme toi, viennent spontanément donner à la République un gage de leur dévouement ;

Et qui le font, comme tu le fais, je n'en doute pas, citoyen duc, sans arrière-pensée de conserver leur situation puissante, même sous un régime qu'ils détestent.

La seule distinction que nous ayons à faire, c'est celle, peu commode il est vrai, — car les apparences sont souvent trompeuses — entre les citoyens honnêtes et convaincus comme toi, citoyen duc, et ceux dont je te parlais tout à l'heure, qui, sans foi, sans conscience, sans patriotisme, ne viennent demander à la République que ce qu'ils ont demandé aux monarchies passées, que ce qu'ils demanderaient aux monarchies futures :

Le pouvoir, encore le pouvoir, toujours le pouvoir, et....... tout ce qui s'ensuit :

Ce cas n'est pas le tien, citoyen duc.

Je le crois et je t'en félicite.

Salut et fraternité.

GERVAIS MARTIAL,
Ouvrier.

LES 50 Lettres Républicaines

DE GERVAIS MARTIAL

OUVRIER

RECUEILLIES PAR TOUCHATOUT

IX

GERVAIS MARTIAL AU CITOYEN CHOPPIN, PRÉFET DE L'OISE

Dans laquelle Gervais Martial exprime au citoyen préfet ses regrets de l'avoir vu corriger si étourdiment les épreuves des affiches qu'il a fait apposer dans l'Oise, & lui signale les fâcheuses conséquences de ce manque de soin en matière typographique.

CHEZ TOUS LES LIBRAIRES

1875

Citoyen préfet,

Il paraît, si j'en crois les feuilles publiques, que tu as oublié de rétablir, en tête des affiches promulguant dans ton département les nouvelles lois constitutionnelles, les mots :

RÉPUBLIQUE FRANÇAISE

qui doivent maintenant plus que jamais figurer sur tous les documents officiels.

Ce n'est de ta part, citoyen Choppin, qu'un simple oubli, j'en suis convaincu.

Mais, c'est un oubli grave à tous égards.

Grave d'abord, parce que l'absence du mot: *République,* en tête d'une loi qui constitue justement la République, pourrait presque passer, aux yeux des gens défiants, pour une espèce de bravade.

Plus grave encore, en ce sens que cet oubli a été répété assez fréquemment par quelques-uns de tes collègues les préfets.

Ce qui menace de donner à tous ces lapsus réunis l'importance d'une manifestation anti-républicaine; c'est-à-dire, pour ne pas mâcher les mots : d'une protestation très-carrée contre les décisions de l'Assemblée nationale.

Il est bien évident, citoyen Choppin, que ta... distraction n'a ce caractère sérieux qu'aux yeux des gens inquiets et soupçonneux.

Quant à moi, je suis bien sûr que tu ne t'es pas rendu compte des conséquences de cette.... absence.

Et surtout que tu n'as eu, en aucune façon, l'intention de te câbrer contre le nouvel état de choses.

Je ne connais pas tes opinions politiques, citoyen Choppin; mais je suis persuadé que tu es un honnête homme,

Et que, par conséquent, pour rien au monde tu ne consentirais à conserver un poste et des appointements républicains si le gouvernement de la République t'était antipathique au point de ne pas seulement te permettre de prononcer son nom.

C'est justement pour cela, citoyen préfet, que te considérant comme un homme de bonne foi, j'ai tenu à causer avec toi du fait que l'on te reproche.

Au fond, citoyen Choppin, je t'avouerai qu'en fait d'enseignes et d'emblêmes politiques, je ne suis pas d'une grande exigence.

Les étiquettes que l'on met ou que l'on ne met pas sur la fiole gouvernementale n'ont point à mes yeux une importance démesurée.

J'aime mieux ce qui est dans la fiole.

Cependant, je reconnais que ce détail ne doit pas non plus être absolument négligé puisque, malheureusement, nous en sommes encore au temps où beaucoup de gens jugent du contenu d'un flacon d'après l'écusson qui est dessus.

Et puis en somme je me dis :

— Puisque l'empereur, pendant dix-huit ans, a marqué la France, à tous les coins, de ses N. E., comme une simple douzaine de serviettes destinée à son usage personnel; pourquoi, maintenant, ne la marquerions-nous pas à notre chiffre : R. F. ?

Et vois un peu, citoyen préfet, à quel point nous aurions tort d'imiter ta négligence :

A peine était-elle connue, que les journaux bonapartistes l'ont relevée avec joie et s'en sont fait une arme.

Le lendemain du jour où j'apprenais que tes affiches avaient paru sans l'entête : *République française,* je lisais dans un journal chislehurstien l'alinéa suivant, qui va être pour toi un remords :

« Le tribunal correctionnel de Tarascon a condamné à l'a-
« mende la femme B., tenant un café à Arles, pour avoir exposé
« dans un établissement un buste de la République coiffé d'un
« bonnet phrygien.

« A ce sujet, nous devons faire observer qu'il se trouve dans
« la grande salle de l'Hôtel-de-Ville, à Blois, un buste de la Répu-
« blique également coiffé d'un bonnet phrygien.

« Nous espérons que, si la municipalité ne fait aussitôt enle-
« ver ça, M. le procureur voudra bien aviser. »

Tu vois, citoyen préfet, ce que tu nous a attiré !... Tu vois que les bonapartistes, prenant ton oubli au bond, n'ont pas tardé à te donner une réplique vigoureuse.

Tu supprimes le mot dans tes affiches ?

V'lan!... ils demandent qu'on supprime le buste dans les mairies.

Dame!... ces gens-là, c'est connu, n'ont pas pour habitude de perdre la carte. Ils sont toujours prêts à profiter de tout. Et avec cela, un toupet!...

Ah!... j'avais bien raison de te le dire en commençant, citoyen Choppin, cet oubli que tu as commis est grave, très-grave.

Puisqu'il encourage à lever la patte contre la République tous ceux qui ne devraient pas oser aujourd'hui la regarder en face.

Il est vraiment fâcheux que l'on soit obligé, citoyen préfet, de se tirailler ainsi pour de simples babioles.

Eh bien! ça a été presque toujours la même chose.

Tu dois te rappeler tout le mal que l'on a eu, en 1871, pour obtenir que certains officiers de l'armée française ne portassent plus, brodés sur leurs uniformes, les insignes impériaux.

Je me souviens très-bien que, pendant plus de huit mois, ça a fait des histoires à n'en plus finir.

Tous les matins, les journaux républicains recommençaient la chasse aux aigles et signalaient énergiquement tel ou tel poste qui, tel ou tel jour, avait été commandé par un lieutenant portant un hausse-col de l'ancien modèle.

On avait beau dire ; rien n'y faisait. Les aigles dorées continuaient à reluire au soleil sous le menton de ces officiers.

Il fallut un temps énorme pour en nettoyer la circulation.

Et les N. E. qui émaillaient plusieurs de nos monuments publics!...

A-t-on mis assez de temps à les gratter!

Le sont-ils bien partout, même, à l'heure qu'il est?

Et les aigles en bronze vert qui entouraient le nouvel Opéra!...

Nous a-t-il fallu les contempler assez de jours, assez de mois?...

On eût dit, ma parole d'honneur, que les architectes chargés de faire disparaître les derniers vestiges d'une époque qu'ils regrettaient, attendaient je ne sais quel événement qui vînt les exonérer d'une cruelle besogne.

— Encore un petit moment!... semblaient-ils dire, ça va peut-être s'arranger de façon à ce que nous n'ayons rien à dévisser!...

Eh bien, citoyen préfet, on a beau n'attacher, comme moi, qu'une très-maigre importance aux signes extérieurs ;

Quand l'on se rappelle cette sorte d'entêtement que les bonapartistes apportaient à conserver leurs emblèmes au soleil;

Quand on les voit encore aujourd'hui se jeter avec avidité sur une faute comme celle que tu viens de commettre pour essayer d'obtenir la destruction des emblèmes républicains;

Quand l'on voit enfin ses ennemis attacher un si grand prix au maintien de leurs enseignes;

Ma foi, dam!... on arrive à se dire que l'on serait bien bête soi-même de ne pas défendre aussi les siennes.

En somme, les enseignes, citoyen Choppin, c'est tout de même bon à quelque chose.

Pour nous, qui avons trente ans, nous pourrions peut-être nous en passer à la rigueur : nous savons que nous sommes en République ; c'est bon... Qu'on imprime tous les jours le mot sur les papiers publics, qu'on ne l'imprime que trois fois par semaine, ça ne change rien à nos sentiments.

Mais, n'oublions pas cette petite génération qui pousse derrière nous, et dont les premières impressions seront plus tard d'un si grand poids dans les destinées de notre pays.

Ces petits galopins-là, citoyen Choppin, ils ont l'habitude, aussitôt qu'ils connaissent seulement leur alphabet, d'épeler dans les rues tout ce qui leur tombe sous les yeux.

Alors tu comprends, il est très-utile que ce qui leur tombe sous les yeux soit net et franc, comme leurs jolis yeux d'espiègles.

Ces marmots-là, figure-toi, veulent tout savoir, tout comprendre.

Et ils ont, pour les choses ambiguës, des procédés de démolition si naïfs que rien ne leur résiste.

Ainsi, hier par exemple, mon petit Gervais (c'est mon aîné, il a cinq ans, et je t'en souhaite un pareil, citoyen Choppin) mon petit Gervais, dis-je, s'amusait à épeler les grosses lettres sur un livre qu'a publié l'éditeur Le Chevalier, et que tu connais peut-être : les *Murailles politiques*.

C'est un recueil de toutes les affiches et proclamations de 1870.

Après avoir épelé assez gentiment E. M. em P. I. pi R. E. re, en tête d'un décret de l'impératrice régente, il me dit :

— Qu'est-ce que ça veut dire, dis, papa : *Empire français ?*

Je lui expliquai naturellement que cela voulait dire qu'il y avait un empereur en France dans ce temps-là.

Passant à une proclamation de Gambetta, Bébé épela de nouveau et me dit :

— Et *République française,* dis... papa... qu'est-ce que ça veut dire ?

— Ça veut dire qu'il n'y a plus d'empereur.

Je croyais être au bout de l'interrogatoire. Pas du tout.

Le petit mit le doigt sur une de ces affiches de préfet de la réaction, affiche veuve de tout entête.

— Pourquoi qu'il n'y a rien en haut de celle-là, dis, papa?...

— Dame ! Je ne sais pas, bébé, c'est qu'on l'aura oublié.

— Ah !... dis donc, papa... quand il n'y a rien, c'est-y qu'on est toujours dans l'Empire ?

— Oh ! non !

— Alors... c'est-y qu'on est en République ?

— Mais oui, certainement !

— Ah !... Eh bien ! alors... si on est en République, pourquoi qu'on le met pas?... Hein ! dis, papa ?

Citoyen préfet, je t'assure que je n'en menais pas large.

J'aurais bien voulu te voir à ma place.

Qu'est-ce que tu aurais répondu ?

Ce qui m'a surtout peiné, c'est l'impression que ces différents procédés d'étiquetage a paru laisser dans le petit cerveau de Gervais.

Il hochait la tête d'un air pensif. — Pour lui, cela manquait de clarté... et il avait l'air de se dire :

— Papa me dit cela pour rire... Ça ne doit pas être la République, puisqu'on ne l'écrit pas dessus.

Tu comprends, citoyen préfet, que je n'ai pas pu lui expliquer la chose; c'est trop long.

Mais, vois-tu, je t'en prie, citoyen Choppin, n'oublie plus l'étiquette... ça ne trompe pas les grandes personnes et ça embrouille les enfants.

Salut et fraternité.

GERVAIS MARTIAL,

Ouvrier.

LES 50

Lettres Républicaines

DE GERVAIS MARTIAL

OUVRIER

RECUEILLIES PAR TOUCHATOUT

X

GERVAIS MARTIAL AU CITOYEN MINISTRE DUFAURE

Où Gervais Martial se permet de donner un coup de main au citoyen Dufaure pour la confection de son projet de loi sur la presse.

CHEZ TOUS LES LIBRAIRES

1875

LIVRAISON 10.

Citoyen Dufaure,

J'apprends avec plaisir que tu viens d'être chargé par le gounement de rédiger enfin un projet de loi sur la presse.

Voilà quatre ans que l'on nous promet de régulariser la situation des journaux dont les trois quarts, à peu près, ont déjà succombé sous les coups de l'état de siége, et dont l'autre quart n'a résisté qu'en ne résistant pas.

Il est grand temps, citoyen ministre, d'en finir avec un système d'arbitraire et de bon vouloir — je pourrais même dire : de mauvais vouloir, — qui rend justiciable de tout autre chose que la justice un des droits les plus sacrés de l'homme : celui de publier ses idées.

Depuis les récents événements qui t'ont replacé au pouvoir, citoyen ministre ;

Depuis surtout qu'il est question d'élections générales presque prochaines ;

Il était impossible — et tu l'as compris — de prolonger plus longtemps l'application d'un système de bâillonnement qui transforme un peuple de dix-huit millions d'hommes en troupeau de dix-huit millions d'oies.

C'était impossible pour beaucoup de raisons que tu connais mieux que moi, citoyen ministre ;

Mais surtout pour une plus puissante à elle seule que toutes les autres :

C'est que priver une nation du droit de s'entendre au moment où l'on va lui demander de parler solennellement, serait frapper d'avance de nullité ce qu'elle va dire.

Or, citoyen ministre, comme il faut avant tout que le prochain verdict du pays soit sacré pour tous, il faut qu'il ne soit contestable pour personne.

Et pour qu'il ait cette force contre laquelle ne pourront désormais plus rien ni les prétendants, ni les intrigants, ni les mécontents, il faut qu'il soit rendu librement.

Et que ce que le pays aura prononcé, il l'ait prononcé dans toute la jouissance de ses droits d'examen et de discussion.

En acceptant la mission d'élaborer un projet de loi sur la presse, citoyen ministre, tu es, j'en suis convaincu, pénétré de ce principe et de cette nécessité.

C'est pourquoi je me permets de venir — non pas débattre avec toi les différents articles de cette loi; mais te dire comment, nous autres du peuple, nous comprenons les droits de la presse.

Une bonne loi sur la presse, la seule qui soit conforme à la justice et au bon sens, ne devrait avoir qu'un article unique :

« LA PRESSE EST LIBRE ! »

Et même je trouve qu'en édictant une loi pareille, les hommes se feraient encore une grosse injure : celle d'avoir été obligés de consacrer un droit naturel, c'est-à-dire d'avouer qu'il a pu être mis en question par certains d'entre eux.

Donc, je le crois fermement, citoyen ministre, une loi sur la presse en un article unique serait la seule bonne.

En deux articles, elle est moins bonne, le second ne pouvant qu'atténuer le premier.

En trois articles, elle devient mauvaise.

Juge un peu ce que je dois penser de celles qui en ont trente-huit.

Et il y en a.

On ne devrait pas dire : « Loi sur la presse en vingt-deux articles, » mais bien en vingt-deux entraves.

C'est de ces entraves que je désire te parler.

La première ligne de ton projet de loi sur la presse, citoyen ministre, va nécessairement proclamer la liberté de discussion.

Je ne connais pas une loi sur la presse qui commence autrement.

Mais aussitôt tu vas voir surgir tout autour de ta plume un tas de petits fantômes affolés, qui vont geindre, crier, gémir, hurler et te solliciter de les protéger dans les articles suivants.

Les protéger contre quoi, contre qui?... Ils n'en savent rien au juste.

Mais croire avoir besoin d'être protégés, est un travers commun à beaucoup de gens.

Le premier te demandera certainement d'introduire dans ta loi l'obligation de l'autorisation préalable pour la création des journaux.

Il n'est pas dégoûté, celui-là, et il n'y va pas par quatre chemins.

Il veut pouvoir répondre à l'homme qui lui demande la parole :

« Je ne demande pas mieux si ce que tu as à dire me convient... Voyons ta figure! A-t-elle cette expression tranquille et béate qui dénote un bon conservateur? — Voyons tes antécédents!... Sont-ils convenables? N'as-tu jamais crié tes convictions trop haut? — Voyons ta plume!... Comment est-elle taillée?... Est-elle caressante ou emporte-t-elle le morceau?... Mais, non... D'après ce que je vois, tu n'es pas l'homme qu'il me faut; je ne puis t'autoriser à parler. »

Je pense, citoyen Dufaure, que tu répondras comme il convient à ce premier fantôme du bon plaisir, et que tu écarteras l'*autorisation préalable*, qui laisse l'écrivain à la merci de celui qu'il peut avoir à combattre.

Un autre, sous prétexte de garantie, te demandera d'astreindre les journaux à un gros cautionnement.

Encore un que tu recevras comme il le mérite, n'est-ce pas, citoyen Dufaure ?

Pourquoi donc un cautionnement pour écrire plutôt qu'un cautionnement pour vendre des gilets de flanelle ou des légumes secs ?

Il faut bien, te répondra-t-on, que l'État ait une garantie pour les amendes que le journal pourra encourir.

Mais, à ce compte-là, tout le monde peut encourir des amendes. Et il faudrait demander à chaque citoyen qui sort de chez lui un cautionnement de seize francs, sous prétexte qu'il va peut-être pisser, le long de sa route, dans une encoignure non estampillée.

Allons ! pas tant de jésuitisme !... et disons tout de suite le fin mot de ce fameux cautionnement : *Silence aux pauvres !...* n'est-ce pas ?

Tu enverras donc, citoyen Dufaure, le cautionnement rejoindre l'autorisation préalable. Et tu feras bien.

Mais tu n'en seras pas quitte ainsi.

Un troisième te rattrapera par la manche de ton habit et te criera :

— Et le timbre !... J'espère bien que vous allez frapper les journaux d'un timbre. Pourquoi les journaux ne payeraient-ils pas un impôt, comme toutes les autres marchandises ?

La raison de ce troisième fantôme, citoyen Dufaure, ne manquera pas de te sembler aussi spécieuse et aussi hypocrite que celles des autres.

Et tu lui répondras, j'en suis certain :

— D'abord, brave fantôme du timbre!... s'il est une chose qui doive être exemptée de tout impôt, c'est assurément la manifestation de la pensée, de laquelle seule peut naître tout ce qui peut se faire de grand et d'utile.

Et ensuite, en admettant que le principe d'un impôt sur les journaux soit adopté, nous avons déjà celui sur le papier qui égale en énormité les plus grosses taxes connues.

Frapper d'un timbre — fût-il d'un centime — un journal d'un sou, qui se vend trois centimes en gros, serait exorbitant. Pas un commerçant ne paie trente-trois pour cent d'impôt sur le chiffre brut de ses affaires.

Voilà ce que tu ne manqueras pas de dire aux restaurateurs du timbre, citoyen Dufaure, et tu repousseras une taxe injuste qui n'a jamais été qu'un procédé d'étouffement.

Il y a encore une chose que tu pourras dire à ce propos, et que je me permets de te signaler, car tu ne peux songer à tous ces détails.

Ce timbre, dont on voudrait frapper les journaux, n'a même pas l'excuse de porter sur le produit d'une chose vendue.

Le droit est perçu avant même que cette chose ne soit offerte au public.

Tout journal qui revient invendu coûte donc à son éditeur, non-seulement le prix de sa fabrication, mais encore un droit perçu d'avance et que le trésor ne rend jamais.

Ce seul argument rendrait le timbre des journaux presque aussi bête qu'un impôt sur les vésicatoires.

Quatrième fantôme !... La répression !...

Ah!... sur ce chapitre-là, qu'on va te tourmenter, citoyen Dufaure !...

Je ne voudrais pas être à ta place.

Les uns vont tout bonnement te demander, pour le gouvernement, le droit de suspension, d'interdiction de vente sur la voie publique, de suppression, de communiqué, d'avertissement, etc., etc...

En un mot, le droit de vie et de mort pur et simple sur les journaux.

Ceux-là ne me causent aucune inquiétude, citoyen ministre; tu les enverras promener avec tous les égards dus à des gens qui veulent bien partager cinquante sous avec quelqu'un, à la condition que leur part sera de deux francs cinquante.

En effet, ce ne serait pas la peine d'avoir refusé l'*autorisation préalable* aux uns, c'est-à-dire le droit de ne pas laisser naître un journal, pour accorder cinq minutes après, aux autres, le droit de le tuer.

Entre les deux résultats, la nuance est trop invraisemblable pour que les deux propositions n'aient pas le même sort.

Donc, c'est entendu, n'est-ce pas, citoyen Dufaure, les outranciers de la suppression n'auront même pas l'honneur d'être discutés.

Ils devront se contenter de t'avoir fait rire; c'est déjà bien gentil.

Une fois toutes ces combinaisons serre-frein écartées, tu ne te trouveras plus en face que d'une seule objection, la suprême :

Blackboulés sur toute la ligne de leurs prétentions biscornues, les fantômes de l'affolement chercheront à sauver leurs dernières positions en te demandant pour les délits de presse une juridiction spéciale.

Je n'ai pas la prétention, citoyen ministre, de te dicter ta réponse.

Mais je crois, sans fatuité, que je la devine.

Tu leur diras tout simplement :

— Pourquoi « spéciale » ?

Et tu auras crânement raison, citoyen Dufaure.

Comment !... nous avons un jury que ces braves gens-là trouvent bon pour prononcer des condamnations à mort, et même pour acquitter des meurtriers qui ont coupé leurs oncles en trente-quatre morceaux.

Et ils ne le trouveraient pas bon pour décider que M. Tartampion a ou n'a pas mérité quatre mois de prison et cinq mille francs d'amendes en imprimant que l'eau de Lourdes est meilleure pour rendre le brillant aux cuivres que la vue aux aveugles !...

Ce serait de la folie, et tu ne t'associeras pas à cette innocente toquade, citoyen Dufaure.

De tout ceci, il résulte, à n'en pas douter, que lorsque tu auras écrit en tête de ta feuille de papier ce premier article fondamental duquel je te parlais tout à l'heure : « *La presse est libre,* »

Tu te prendras le menton en te demandant ce que tu pourrais bien ajouter dessous.

Et comme tu ne pourras rien mettre au bout qui soit conforme à tes sentiments de justice et de sagesse, tu déposeras tout simplement cette ligne-là sur le bureau de l'Assemblée, le jour de sa rentrée.

Elle repoussera peut-être ton projet.

Mais, si cela t'arrive, citoyen Dufaure, ne le déchire pas, garde-le.

Pour sûr, il servira un jour ou l'autre.

Car s'il est possible d'en faire des douzaines qui soient plus longs, il est impossible d'en faire un seul qui soit meilleur.

Salut et fraternité.

GERVAIS MARTIAL,
Ouvrier.

LES 50 Lettres Républicaines

DE GERVAIS MARTIAL
OUVRIER

RECUEILLIES PAR TOUCHATOUT

XI

GERVAIS MARTIAL AU CITOYEN GAMBETTA

Où Gervais Martial exprime au citoyen Gambetta ses regrets de le voir, lui aussi, mettre un tas de gros morceaux de sucre dans des principes qui sont faits pour être bus purs.

CHEZ TOUS LES LIBRAIRES

1875

Citoyen Gambetta,

Comment !... toi aussi, citoyen, voilà que tu te mets à marier des carpes et des lapins !...

Je suis forcé de ne pas t'en faire mon compliment.

Je croyais que toi, l'un des plus jeunes représentants de l'idée républicaine, tu laisserais ce truc fourbu aux vieux impuissants qui ont cru rendre un immense service en créant ces vocables interlopes qui ont nom : « *La République sans les républicains* » ou la « *République conservatrice.* »

Je te laisse à penser, citoyen Gambetta, quelle a dû être ma surprise quand je t'ai entendu, l'autre jour, à l'enterrement d'Edgar Quinet, nous lancer cette théorie creuse de « *l'alliance de la bourgeoisie et du prolétariat.* »

Vraiment, citoyen, j'ai été navré d'entendre un homme tel que toi formuler en paroles si vaines la nouvelle situation politique que le 25 février a faite à la France.

Je ne m'étais jamais fait une idée aussi mesquine du but de la grande évolution qui est en train de s'accomplir.

Et je me permets de trouver que tu en rapetisses singulièrement le programme.

Je t'avoue même bien humblement que si j'avais jamais pensé que la proclamation de la République ne dût avoir pour résultat que « *l'alliance de la bourgeoisie et du prolétariat* », je me serais beaucoup moins enthousiasmé d'une victoire dont le fruit m'eût paru puéril.

Mon Dieu!... je sais bien, citoyen Gambetta, à quel sentiment tu as obéi en lançant sur la tombe d'Edgar Quinet cette nouvelle phrase à effet.

Tu as voulu, toi aussi, comme beaucoup de républicains qui croient — à tort ou à raison — le moyen bon, donner ton gage à la conciliation.

Depuis quelque temps, sous le prétexte de ne pas effrayer les gens qui viennent invinciblement à la République, on a mis à l'ordre du jour un tas de ces formules conciliantes qui, à mon avis, ne peuvent concilier personne, puisqu'elles ne signifient absolument rien.

Une transaction, une conciliation, une entente, n'est bonne et valable que lorsque les termes en sont clairs, et compris par les deux parties.

Et je ne crois pas, citoyen Gambetta, que les clichés dont on s'est servi à cet effet depuis déjà pas mal de temps, y compris ton dernier, possèdent cette clarté sans laquelle les compromis de la veille sont nuls et deviennent les malentendus du lendemain.

On a commencé, toujours pour engluer les timides, à envelopper le mot de « *République* » dans l'épithète de « *conservatrice.* »

Et l'on a cru avoir fait un chef-d'œuvre.

Le mot a fait quelque effet sur les imbéciles, qui se sont dit :

— Ah!... oui... ça c'est mon affaire... La République tout court, ça ne m'allait pas; mais la République conservatrice... je veux bien... ça doit être bon...

Et puis, pas plus tard que le lendemain, on s'est aperçu qu'on s'était payé d'un mot vide de sens qui ne satisfaisait personne, par la raison fort simple qu'il ne pouvait pas être défini.

Alors, — et malgré cette enveloppe sucrée, — les défiances ont recommencé.

Et tout cela, parce qu'au lieu de se servir de mots nets et francs qui disent carrément ce qu'ils veulent dire, et sur la valeur desquels on puisse s'entendre solidement, on va chercher un tas de définitions oiseuses auxquelles personne n'est capable de trouver un véritable sens.

Je regrette de te le dire, citoyen Gambetta, ta nouvelle trouvaille de « *l'alliance de la bourgeoisie et du prolétariat* » me semble destinée à avoir le même sort que celui de la « *République conservatrice.* »

Elle a été dictée par le même esprit de conciliation fausse, elle a le même ronflant, elle séduira pendant cinq jours les mêmes imbéciles, et, finalement, elle aboutira au même néant.

Cela doit être, citoyen Gambetta; et ce sera justice, parce que cette théorie ne repose sur rien, qu'elle est absolument creuse, et que les deux mots dont elle est composée : « *bourgeoisie* » et « *prolétariat,* » ne sont eux-mêmes que des appellations vagues qui ne répondent précisément à aucune classification nette.

Tu ne marieras jamais ensemble des catégories d'un sexe aussi incertain.

Maintenant, je veux bien admettre un instant avec toi que tout le monde puisse tomber d'accord sur la valeur exacte de ces deux mots.

Convenons si tu veux, citoyen Gambetta, — et je pense que c'est là ton idée, — que la bourgeoisie est composée des gens qui ne manquent de presque rien, et le prolétariat de ceux qui manquent à peu près de tout.

Voilà donc nos deux catégories bien tranchées.

D'un côté le pauvre, avec tous ses besoins, toutes ses souffrances, toutes ses misères, et naturellement toute sa mauvaise humeur contre un état de choses qui lui donne si peu de satisfaction;

De l'autre le riche, avec toutes ses jouissances, toute sa vavanité de parvenu, tout son égoïsme, et, non moins naturellement, toute son admiration pour un système social qui lui laisse si peu de chose à désirer.

Voilà la carpe et l'angora que tu veux conjoindre, citoyen Gambetta.

A mes yeux, cette fantaisie ne peut trouver d'excuse que dans ton ardent désir de conciliation, et qui te pousse — toi et bien d'autres — à emmieller des pilules à l'intention des estomacs bégueules.

Tu dis « *alliance de la bourgeoisie et du prolétariat.* »

Alliance contre qui?... contre quoi?...

Une alliance d'un côté indique un ennemi commun de l'autre.

Où est l'ennemi commun qui menace à la fois les bourgeois et les prolétaires?

Les prolétaires sont menacés par tous les régimes despotiques, quels qu'ils soient, car aucun changement de dynastie n'a procuré au peuple une seule réforme qui pût se traduire par une augmentation de bien-être. Sous tous les rois et empereurs possibles, le prolétaire est toujours resté le prolétaire, usant sa vie à travailler pour ne vivre qu'au jour le jour, — quand il vit, — impuissant à élever sa nombreuse famille par son travail, ni de conquérir l'indépendance qu'il aurait le droit de rêver pour ses vieux jours.

Donc, comme je te le disais tout à l'heure, citoyen Gambetta, le prolétaire a tout contre lui, tout le menace.

Il n'a d'espoir — et ne peut avoir d'autre protecteur, qu'un gouvernement démocratique qui lui fera, non pas l'aumône, ainsi que beaucoup de gens le croient; mais qui lui rendra justice et reconnaîtra ses droits.

Le bourgeois, lui, rien ne le menace. Bourgeois sous Charles X, bourgeois sous Louis-Philippe, il reste bourgeois sous l'Empire et resterait encore bourgeois sous Henry V ou Vélocipède IV.

Il est bourgeois, il est classe dirigeante, il s'est fait de cette situation une espèce de noblesse, de laquelle il est, ma foi, aussi fier que les Montmorency de la leur.

Comme l'autre noblesse, il veut la transmettre de droit à ses fils qui seront *classes dirigeantes* comme il est lui-même *classe dirigeante.*

Il n'a rien à craindre. Que les gouvernements changent, ses parchemins (que la banque de France rembourse à vue) sont respectés.

Qu'aurait-il donc besoin de s'allier, comme tu dis, au prolétaire, qu'il considère au contraire — mais à tort — comme son ennemi naturel ?

Je crois que c'est un mauvais calcul, citoyen Gambetta, de venir ainsi, sous le prétexte d'amadouer des gens de mauvaise volonté, — ou simplement d'intelligence épaisse, — leur faire reluire des compromis chimériques qui n'ont aucune raison pour être conclus, aucune chance d'aboutir.

Il vaudrait bien mieux, à mon avis, formuler des programmes clairs et qui ne laissent prise plus tard à aucune ambiguïté.

Je sais qu'en parlant ainsi, citoyen Gambetta, je ne suis pas ce qu'on appelle dans le mouvement ; puisque depuis quelque temps les républicains — même beaucoup de ceux qui avaient été jusqu'ici tout d'une pièce — se mettent l'esprit à la torture pour trouver des biais — soi-disant adroits — qui donnent satisfaction aux uns sans effrayer les autres.

Je ne demanderais certainement pas mieux que l'on rassurât les niais qui tremblent sans savoir pourquoi ; mais je ne voudrais pas que l'on employât ces moyens qui manquent de franchise, ces expédients qui ne peuvent créer que des ententes factices de vingt-quatre heures.

Et puis, s'il faut te dire toute ma façon de penser, je n'aime pas à voir les républicains si malins que cela.

Je crois qu'à force de louvoyer, de biaiser, de concéder, de transiger, le parti républicain, qui est le seul honnête en somme et qui, à ce titre, devrait être carré comme deux et deux font quatre, finirait bien vite par perdre de l'autorité que ses principes lui donnent.

Je crois donc — et je viens te le dire sincèrement, citoyen Gambetta, — que tu as commis une faute en venant parler de « l'*alliance de la bourgeoisie et du prolétariat.* »

Beaucoup de gens qui ont une confiance très-grande en ta parole vont prendre cette formule au sérieux.

Et la plus amère des déceptions leur est réservée parce que cette alliance — non-seulement est inutile — mais n'a encore aucune raison d'être.

La bourgeoisie est dure, égoïste, pleine de morgue, rebelle à toute réforme sociale qui tendrait à diminuer son influence en augmentant celle des classes moins heureuses qu'elle.

La bourgeoisie ne fera donc jamais rien d'elle-même pour le prolétariat.

D'un autre côté, le prolétaire se soucie fort peu de l'alliance de la bourgeoisie, qui ne pourrait avoir lieu que sous forme de protection, l'un *daignant* accorder à l'autre une petite partie de ce qui lui est dû, comme part du feu.

Le prolétaire ne passera pas un pareil contrat qui le laisserait le tributaire et ne le ferait pas l'égal.

Le prolétariat n'a pas d'alliances à conclure. Il a des droits — longtemps méconnus — à faire valoir.

A l'aide du suffrage universel, il les fera valoir légalement et sûrement, et saura les conquérir par sa prudence et sa sagesse.

Mais quant à « *allier* » deux éléments dont les tendances et les intérêts sont tellement distincts, tu sais bien, citoyen Gambetta, que ce serait aussi impossible que d'obtenir la signature d'un millionnaire au bas d'une pétition demandant l'impôt progressif.

Salut et fraternité.

GERVAIS MARTIAL,

Ouvrier.

LES 50 Lettres Républicaines

DE GERVAIS MARTIAL

OUVRIER

RECUEILLIES PAR TOUCHATOUT

XII

GERVAIS MARTIAL AU CITOYEN DE LA GAVOUYÈRE A RENNES

Où Gervais Martial complimente de toutes ses forces le citoyen de la Gavouyère, examinateur à la Faculté de droit de Rennes, d'avoir fait triompher ce principe sacré qui veut qu'un avocat ne puisse être reçu docteur en droit que s'il déclare se fournir d'idées philosophiques toutes faites à la BELLE JARDINIÈRE de la routine.

CHEZ TOUS LES LIBRAIRES

1875

Citoyen de la Gavouyère,

Comment!... citoyen..., il ne te suffit pas de porter un aussi joli nom que celui de *la Gavouyère,* il faut encore que tu te rendes illustre!... Vilain gourmand! va...

Enfin, puisque tu le veux absolument, je t'aiderai, dans la mesure de mes faibles forces, à faire passer à la postérité ce nom gracieux, qui rappelle le doux murmure d'un conduit d'eau de vaisselle engorgé par une carotte subversive.

Nous disons donc, citoyen de la Gavouyère, que tu es professeur de droit, — que tu pourrais même au besoin être professeur de travers, — et que tu es investi à la faculté de Rennes des fonctions d'examinateur.

Nous disons donc, citoyen de la Gavouyère, qu'aux derniers examens tu as été chargé, avec quatre de tes collègues, de questionner un jeune avocat de Rennes, M. Paul Girard, qui se présentait pour soutenir sa thèse de doctorat.

Nous disons donc que tes quatre collègues, après avoir examiné scrupuleusement le candidat, lui ont tous les quatre accordé la boule blanche qui le faisait vainqueur.

Et enfin nous disons donc que toi, le cinquième, toi, de la Gavouyère!... sans avoir seulement daigné poser à ce jeune homme une seule question, tu l'as bombardé d'une boule noire qui l'a fait échouer, sous prétexte que certains passages de sa thèse contenaient une profession de foi matérialiste.

De plus, nous disons que, non content d'avoir commis cet acte d'intolérance sénile, citoyen de la Gavouyère, tu as encore cru devoir t'en vanter par une lettre publique, dans laquelle tu avoues, avec cet aplomb que, seul, peut donner à un homme son immense bêtise, que :

« Tu acceptes d'autant mieux la responsabilité de ton vote, « qu'il a été plus longuement et plus sérieusement réfléchi. »

Tu ajoutes même que « tu t'es rendu à l'examen avec la ré- « solution bien arrêtée de ne pas poser au candidat une seule « question de droit. »

Et tu prétends que « le matérialisme supprimant les bases « de toute législation, pour être admis à discuter les règles du « juste et de l'injuste, il faut commencer par reconnaître, dans « les manifestations de l'intelligence et de la volonté, autre chose « que des phénomènes cérébraux. »

« Vous me reconnaissez — dis-tu, citoyen de la Gavouyère « — le droit de juger souverainement une thèse; j'en ai usé « pour condamner une doctrine qui mène à la négation de tout « droit. »

Et sur ce, satisfait de ton œuvre de haut inquisiteur, radieux d'avoir contribué à briser — ou tout au moins à entraver — la carrière d'un jeune homme studieux et intelligent, tu es rentré chez toi en te frottant les mains et en attendant les suffrages des feuilles réactionnaires.

Lesquelles ne t'ont pas fait défaut d'ailleurs.

Mais, citoyen de la Gavouyère, tout n'est pas fini pour cela.

Ces éloges, dont tu parais te contenter, ne te sauveront pas de certaines critiques.

Et à côté des boules blanches que t'ont octroyées le *Pays* et consorts, tu as, toi aussi, une terrible boule noire à affronter :

Celle que l'opinion publique ne manque jamais de déposer contre les hommes intolérants qui condamnent aveuglément et avec passion tous ceux qui ne partagent pas leurs idées.

La thèse de M. Paul Girard, que tu as déclarée impie avec un cœur léger superbe, traitait de l'aliénation mentale.

Il est évident qu'un pareil sujet, abordé avec vigueur par un homme jeune, devait infailliblement le conduire à aborder le thème grave de la responsabilité humaine.

J'ignore jusqu'à quel point, citoyen de la Gavouyère, le candidat a pu, dans son œuvre, pousser les conséquences de l'examen d'une telle question.

Je suppose bien que, partant de ce principe incontestable et incontesté que certains individus dont la raison est notoirement altérée échappent naturellement à la responsabilité de leurs actes, le candidat aura été amené à examiner si les passions des autres hommes — qui passent pour avoir le cerveau bien équilibré — ne constituent pas elles-mêmes des cas pathologiques qui deviennent, en leur faveur, autant de circonstances atténuantes.

J'ignore, citoyen de la Gavouyère, tout ce qu'a pu dire et risquer sur ce sujet palpitant M. Paul Girard.

Il a dû aller loin, sans doute, car de pareils problèmes entraînent, égarent même, si tu veux.

Il a pu aller trop loin, peut-être, je l'accorde.

Mais, en tous cas, il est une chose qui me semble, à moi, citoyen de la Gavouyère, plus sacrée à elle seule que toutes les théories acceptées jusqu'à ce jour et en toutes matières.

Cette chose, c'est le libre examen et la libre discussion des théories qui, subversives aujourd'hui, peuvent demain resplendir de vérité.

Tout comme celle de Galilée, que tu étais d'une pâte à jeter au feu sans l'examiner, citoyen de la Gavouyère, si tu eusses vécu au temps où les hommes — même la tête en bas — soutenaient encore que la terre ne tournait pas et brûlaient ceux qui prétendaient la sentir tourner.

Je ne t'en veux pas, citoyen de la Gavouyère, d'avoir déposé ta boule noire (couleur de la nuit) contre le candidat que tu étais chargé, non de maudire, mais simplement d'examiner.

Tu avais le droit, — comme tu le dis très-justement, — de juger souverainement une thèse.

Mais qui dit *juger*, dit *entendre*, et surtout *peser*.

Tu n'as ni pesé ni entendu.

Et voilà où tu m'apparais, citoyen de la Gavouyère, dans tout l'éclat de cette sottise humaine qui a la routine pour drapeau et la liberté de conscience pour mortelle ennemie.

Sais-tu bien, citoyen de la Gavouyère, que, si ton système se généralisait, ce ne serait guère encourageant pour les jeunes hommes qui se sentent, comme l'on dit, quelque chose dans le ventre.

Il suffisait alors qu'ils risquassent quelque théorie nouvelle pour se voir impitoyablement évincés et déclarés impropres à la carrière qu'ils auraient choisie.

Seuls ceux que leur médiocrité aurait maintenu dans les sentiers vingt mille fois battus avant eux, auraient chance de voir couronner leur orthodoxie.

Et, de cette façon, le monde pourrait marcher des milliers et des millions de siècles sans faire un pas en avant.

Je ne suis qu'un humble ouvrier, citoyen de la Gavouyère, et je ne connais rien aux traditions de la Faculté qui te compte au nombre de ses éminents professeurs.

Mais, dans mon tout petit bon sens, j'avais toujours cru que, du moment que l'on exige d'un candidat qu'il rédige une thèse sur tel ou tel sujet, c'était pour qu'il dise ce qu'il pense de ce sujet, et non pour qu'il répète ce qu'en ont pensé tous les autres avant lui.

Toi, citoyen de la Gavouyère, tu ne parais pas de cet avis, et tu condamnes, sans même les discuter, toutes les théories qui troublent la quiétude de ta digestion.

Tu ne connais et tu n'admets qu'une chose : l'opinion toute faite.

Un jeune homme se présente à toi pour être reçu avocat. Il te dit :

— Monsieur, pendant six années consécutives, j'ai pioché avec persévérance, j'ai essayé d'apprendre ce que je ne savais pas, de comprendre ce que je ne comprenais pas. Je crois avoir réussi, du moins en partie; veuillez me questionner, m'examiner sur les choses de la profession que je désire embrasser, et m'admettre enfin si vous me trouvez capable.

C'est là un langage très-honorable, n'est-ce pas, citoyen de la Gavouyère ?

Mais toi, tu lui réponds :

— Fort bien, jeune homme... Vous voulez être docteur en droit; mais ce que vous dites de la responsabilité humaine, dans votre thèse, me prouve que vous n'êtes pas capable de vous faire une idée saine sur une question de mur mitoyen. Je vous refuse.

— Cependant, monsieur, veuillez au moins me poser quelques questions, et j'espère que...

— C'est tout à fait inutile... Un homme qui part de ce principe faux, qu'un être ne jouissant pas de ses facultés intellectuelles peut être excusable d'agir comme un insensé, ne sera jamais digne de juger équitablement une demande en séparation de corps.

A ce compte-là, citoyen de la Gavouyère, il n'y a pas de raison pour que cela s'arrête.

Demain, on exigera que les médecins croient à l'immortalité de l'âme ; sans quoi on leur refusera le droit d'exercer.

La semaine prochaine on demandera aux ingénieurs de se prononcer contre les enterrements civils.

Et dans un mois les propriétaires n'accepteront un nouveau concierge qu'à la condition qu'il récitera trois actes de foi en avalant de la revalescière.

Je crois, citoyen de la Gavouyère, que le pétard intempestif auquel tu viens de mettre le feu est d'un effet on ne peut plus regrettable, surtout dans un moment où le nouvel état de choses qui se dessine a précisément pour base la concorde et la tolérance.

Tu as voulu faire parler de toi, probablement ; et tu y réussis jusqu'à un certain point.

Mais pour ce que l'on en dira, ce n'était peut-être pas la peine de te déranger.

Il est toujours facile d'attirer l'attention publique et de faire dire à la galerie : *Tiens ! cet original !...* soit en se promenant habillé en jaune dans les rues, soit en marchant à reculons sur les boulevards, soit en allant louer un fauteuil d'orchestre au Vaudeville.

Tu n'as donc pas eu grand effort d'imagination à faire, citoyen de la Gavouyère, pour te faire remarquer dans un moment où la tolérance est le programme de tous les hommes de bonne foi et de bon jugement.

Et il était bien certain qu'en ressuscitant bruyamment les saintes traditions de l'inquisition en plein mouvement de libre pensée, tu produirais ton petit effet.

L'effet est produit, citoyen de la Gavouyère, reste à savoir s'il y a bien de quoi t'en vanter !

Moi, je ne le crois pas.

Maintenant — et sans t'en vouloir le moins du monde de ton escapade, qui a son excuse tout indiquée dans la thèse même de M. Paul Girard sur l'irresponsabilité des hommes en proie à un hanneton quelconque, — il me reste à te faire un aveu.

C'est que si j'étais le ministre dont tu relèves, citoyen de la Gavouyère, je te gratifierais d'un petit arrêté conçu — ou à peu près — en ces termes :

« Attendu que le citoyen de la Gavouyère avoue dans sa lettre « qu'il a refusé un candidat sans l'interroger;

« Attendu qu'un examinateur qui n'examine pas peut être « très-avantageusement remplacé par le premier marchand de « robinets de fontaines venu :

« Le citoyen de la Gavouyère est révoqué de ses fonctions « d'examinateur à la faculté de droit et appelé à celles de gar- « dien du square Montholon. »

Salut et fraternité.

GERVAIS MARTIAL,

Ouvrier.

LES 50

Lettres Républicaines

DE GERVAIS MARTIAL

OUVRIER

RECUEILLIES PAR TOUCHATOUT

XIII

GERVAIS MARTIAL AU CITOYEN CHENNEVIÈRES

Où Gervais Martial entretient le citoyen Chennevières, directeur des Beaux-Arts, du tableau du citoyen Pichio, refusé au salon, et n'a pas l'air de prendre très au sérieux les arrêts prononcés — même à l'unanimité — quand ce tribunal n'est composé que d'un seul juge.

CHEZ TOUS LES LIBRAIRES

1875

Citoyen Chennevières,

Tu viens, paraît-il, et de ton autorité privée, de refuser l'entrée au Salon à un tableau du peintre Pichio.

Tu as donné pour raison, citoyen, que ce tableau pouvait émouvoir les passions politiques.

Laisse-moi d'abord te dire, citoyen directeur des beaux-arts, que si un tableau peut émouvoir les passions politiques, comme tu le dis, il est une chose qui les émeut peut-être encore plus sûrement et plus vivement, c'est le bruit que l'on fait autour en le proscrivant.

Il y a gros à parier, citoyen Chennevières, que la toile en question eût fait beaucoup moins de bruit accrochée à l'un des clous du Salon qu'elle n'en a fait consignée à la porte.

Néanmoins, j'ai voulu le voir, ce tableau, et j'ai été chez le citoyen Pichio lui demander la permission d'examiner cette œuvre que tu considérais comme capable de raviver des haines dangereuses.

Je te dirai, citoyen directeur, que je ne me connais pas du tout en peinture.

Un tableau m'empoigne ou ne m'empoigne pas ; expliquer pourquoi me serait impossible.

Je n'essayerai donc pas de discuter avec toi la valeur de cette toile.

D'ailleurs, c'est tout à fait inutile.

Mes observations à ce sujet seraient tout à fait à côté de la question, puisque le tableau a été repoussé par toi, par toi seul, non à cause de l'exécution, mais sommairement et à cause du sujet traité.

Voyons donc, citoyen Chennevières, ce que contient ce tableau de si épouvantable.

De toi ou de moi, l'un a évidemment mal vu ou mal compris.

Car je t'avoue que rien dans la scène — horrible, il est vrai — représentée par le citoyen Pichio, ne m'a semblé susceptible d'exciter les mauvaises passions.

A la vue de cette toile effrayante, un seul sentiment peut envahir le cœur : une horreur profonde de la guerre civile.

Et ce sentiment n'est-il pas en plein dans le nouveau programme du 25 février, qui a eu surtout pour objet de réunir tous les hommes de bonne volonté et de fermer l'ère des haines et des rancunes ?

Veux-tu me permettre, citoyen Chennevières, de passer en revue avec toi les épisodes de ce tableau, afin d'essayer de découvrir celui — ou ceux — qui ont pu te paraître si redoutables ?

Au premier plan, un amas de cadavres et de mutilés : des femmes, des vieillards, des adolescents.

Ceux-là sont frappés et meurent.

A gauche, au-dessus, un autre groupe d'insurgés adossés au mur du cimetière.

Ceux-là sont encore debout et attendent la mort.

A droite, en face, deux officiers qui commandent le feu ; l'un d'eux achève un blessé d'un coup de revolver, le coup de grâce réglementaire et... humain.

Au fond, Paris fumant.

Et, planant sur cette scène effroyable, le Christ, l'immense Christ du Père-Lachaise !...

Je t'avoue, citoyen Chennevières, qu'il m'a été impossible de voir dans cette peinture une excitation aux passions politiques.

Rien que ce Christ éveille une idée immense d'oubli, de pardon.

Et ce ne peut être dans l'intention de conseiller aux hommes de s'entre-tuer que l'artiste a pu placer là l'image de Celui qui leur a dit :

— Aimez-vous les uns les autres!

Je me souviens, citoyen Chennevières, et tu ne peux l'avoir oublié non plus, que, pendant bien longtemps, nous avons vu s'étaler à toutes les vitrines des libraires, des gravures représentant l'exécution de l'archevêque de Paris, des Frères de l'École chrétienne et des otages.

Ces images, tirées à des centaines de mille exemplaires, avaient naturellement un bien autre retentissement que n'eût eu l'exposition, au Salon, du tableau en question.

Ne trouves-tu pas comme moi étonnant, citoyen Chennevières, que l'on ne se soit pas aperçu alors que ces illustrations si répandues pouvaient, elles aussi, « *émouvoir les passions?* »

Je crains bien, pour mon compte, qu'il paraisse étrange à beaucoup de gens que l'on n'ait songé à cela qu'à propos du tableau du citoyen Pichio.

Maintenant, citoyen Chennevières, tu ne dois pas te méprendre sur l'esprit qui me dicte ces observations.

Je ne prétends pas que ton refus d'exposer le tableau en question soit illégitime.

Tu as cru devoir agir ainsi, tu as été convaincu que ce tableau était un danger, tu l'as jeté à la porte. Je ne doute pas un instant que tu ne sois en règle avec ta conscience, et comme homme, et comme fonctionnaire.

Peut-être même as-tu eu raison de considérer la chose ainsi.

Peut-être est-ce toi qui es dans le vrai en voyant une mauvaise action dans le tableau du citoyen Pichio, et moi qui suis dans le faux en n'y voyant, au contraire, qu'une grande pensée d'humanité.

Peut-être un jury quelconque eût-il ratifié ta décision.

Je t'accorde tout cela, sans même essayer de le discuter, citoyen Chennevières, parce que ce sont là autant de questions complétement à côté de celle que cet incident soulève naturellement.

Cette question, la seule vraie, la seule qui mérite d'être défendue à outrance, c'est celle de la liberté.

Eh bien! citoyen Chennevières, la liberté me semble ici absolument violée en la personne de l'artiste qui vient d'être évincé d'un concours sans avoir été seulement discuté.

Entendons-nous bien, citoyen Chennevières, car, à ce mot de : *liberté*, je te vois déjà bondir et t'écrier :

— Il est absurde ton principe de liberté, citoyen Gervais Martial, s'il veut dire : liberté de tout faire, même ce qui est mal, même ce qui est odieux, même ce qui est criminel.

Nous sommes d'accord, parfaitement d'accord, citoyen Chennevières; et pas plus que toi je n'entends ainsi la liberté.

Il est bien évident — pour rester autant que possible dans notre sujet — qu'un peintre qui s'imaginerait, par exemple, que la constitution républicaine lui donne le droit d'exposer aux regards du public des tableaux infâmes ou obscènes, mériterait d'être conduit à Charenton avec tous les égards dus à un goujat, croyant que les pissotières du boulevard sont faites pour y entrer de dos.

J'entends donc par liberté — ce que tout le monde entend d'ailleurs, quoi qu'en dise le *Figaro* pour essayer de discréditer le mot et la chose — la liberté de faire tout ce qui ne gêne personne.

Seulement, où nous ne paraissons plus être tout à fait d'accord, citoyen Chennevières, c'est lorsque tu prétends, toi seul, décider qu'une chose gêne ou va gêner quelqu'un et supprimer cette chose de ton autorité privée, sans que l'artiste que tu frappes — justement peut-être, je le veux bien — ait la consolation d'avoir été condamné par un tribunal, ou un conseil, ou un comité dont l'indépendance soit pour lui une garantie qu'il n'est pas la victime du bon vouloir d'un unique fonctionnaire, peccable en somme.

Je sais bien, citoyen Chennevières, que ce n'est pas toi qui as fait cette loi qui te donne l'omnipotence et la censure suprême sur les œuvres d'art.

On t'a investi d'un droit scandaleux.

On t'a dit :

— En vertu de ton pouvoir discrétionnaire, tu décideras en dernier ressort qu'un tableau, qu'une statue est indigne d'entrer au Salon.

Ce droit, tu l'exerces, et je crois même que tu l'exerces avec une parfaite bonne foi.

Investi d'une dictature sans contrôle, tu te ferais certainement un crime d'en abuser.

Et quand tu refuses à une œuvre d'art l'honneur d'être accrochée dans le palais des Champs-Élysées, c'est qu'en ton âme et conscience tu trouves cette œuvre mauvaise et dangereuse.

Personne n'en doute.

Mais, citoyen Chennevières, ton âme et conscience est comme l'âme et conscience de tous les mortels, c'est-à-dire sujette à l'erreur.

Et tu dois comprendre combien il est amer pour un artiste qui a dépensé dix-huit mois de travail sur une toile ou sur un bloc, de voir son œuvre à la merci d'un homme qui, de la meilleure foi du monde, peut se tromper en l'appréciant.

Voyons, citoyen Chennevières, raisonnons par l'absurde. On dit que c'est le vrai moyen d'arriver à conclure raisonnablement.

Supposons un instant que, dans la nuit qui a précédé le jour où l'on t'a présenté le tableau du citoyen Pichio, tu aies fait un vilain rêve.

Tu as rêvé par exemple que l'on battait le rappel dans ta rue. C'était la commune... on mettait le feu à ta maison..., on t'attachait la tête en bas à ton balcon... on te faisait mille misères... on te ressuscitait ta belle-mère... on t'entraînait à une représentation du Vaudeville... enfin, toutes les horreurs possibles.

Naturellement, tu te réveilles le matin très-maussade et sous une mauvaise impression.

On t'apporte un tableau de genre intitulé, je suppose : *Au bord de la fosse commune.*

Encore tout imprégné de ton rêve, tu t'écries :

— Ah ! la commune !... toujours la commune !... ôtez-moi ça de là... je n'en veux pas.

Le peintre, qui se sait innocent, insiste. Il essaie de te faire comprendre que son tableau n'a aucun rapport avec le mouvement du 18 mars.

Mais toi, absolument décalé par ton cauchemar, tu cries encore plus fort.

— Non... non... la commune... la commune ! ça réveillerait les passions... Emportez ça !

En un mot, ton rêve t'a complétement rendu timbré (c'est toujours une supposition), et tu repousses, comme subversif, un tableau de la plus complète innocence.

Mets-toi à la place de l'artiste, citoyen Chennevières, serais-tu content ?

Je pense, citoyen, que tu conviendras avec moi de la nécessité absolue de réformer une législation qui prive les artistes de toute garantie, en rendant leurs œuvres justiciables, sans appel possible, de la bonne ou mauvaise volonté d'un fonctionnaire qui peut voir plus ou moins juste, selon qu'il a bien digéré ses asperges ou s'est donné une indigestion de petits pois.

Note bien, citoyen Chennevières, que je ne blâme pas ici la mesure d'expulsion qui frappe le tableau du citoyen Pichio.

Je fais même plus : je t'accorde les yeux fermés, si tu veux, que ce tableau devait-être exclu, qu'il était indigne, criminel, abominable.

Ce que je soutiens, c'est qu'une cause jugée par un seul homme n'est pas une cause jugée.

Si le tableau du citoyen Pichio était vraiment indigne d'être exposé, la sentence d'indignité n'eût pas perdu de sa force à être rendue, après examen et défense, par un jury indépendant.

En dehors des sentences prononcées par des juges qui ne relèvent d'aucune autorité supérieure à la leur, il n'y a que violence et arbitraire.

Quand une condamnation émane du régime du bon vouloir, aussi juste qu'elle soit, elle conserve le caractère d'une persécution.

Cela doit être : la sanction de la défense ayant manqué au jugement, ce n'est plus un jugement, c'est un ukase.

Et, au lieu d'un condamné, vous avez un persécuté, ce qui n'est pas synonyme.

Voilà pourquoi, citoyen Chennevières, sans examiner si la décision prise par toi contre le citoyen Pichio est juste, je trouve qu'elle est regrettable.

Regrettable en ce sens qu'elle consacre une fois de plus le système navrant du régime du bon vouloir substitué à la véritable justice.

Le bon vouloir courbe de force tous les fronts devant lui.
Devant la justice, tous les fronts se courbent d'eux-mêmes.
C'est une nuance, citoyen Chennevières.

Salut et fraternité.

GERVAIS MARTIAL,
Ouvrier.

LES 50 Lettres Républicaines

DE GERVAIS MARTIAL

OUVRIER

RECUEILLIES PAR TOUCHATOUT

XIV

GERVAIS MARTIAL AU CITOYEN DE CISSEY

Où Gervais Martial se permet de trouver étrange et même quelque peu regrettable que le citoyen ministre de Cissey — et d'autres — fassent une part si large au « RESPECT » des « SYMPATHIES » et des « CONVICTIONS » si peu respectables.

CHEZ TOUS LES LIBRAIRES

1875

Citoyen ministre,

J'ai à te parler, citoyen, de ta récente circulaire aux commandants de corps d'armée français.

Tu as certainement, en fonctionnaire honnête, affirmé le nouveau gouvernement dont tu es le ministre.

Tu as, comme certains de tes collègues, qui ont eu l'occasion de parler avant toi, mis en avant le respect que chacun doit à la loi.

Et tu as même insisté sagement sur ce point que plus le poste est élevé, plus celui qui l'occupe doit se croire étroitement lié aux institutions de son pays.

Ceci est bien; et tout le monde, citoyen ministre, te saura gré de ces paroles loyales.

On pourrait peut-être, à toi comme à plusieurs autres, citoyen de Cissey, te reprocher quelque hésitation à prononcer le mot de *République*.

Ce mot, en effet, semble t'écorcher... le portefeuille comme il paraît l'écorcher aux citoyens Buffet et de Meaux, tes confrères.

On dirait vraiment, citoyen ministre, qu'eux et toi vous rougissez d'être les serviteurs de cette pauvre petite qui vous traite pourtant avec tant d'égards et tant d'humilité, qu'à trente pas on la croirait certainement plutôt votre servante que votre maîtresse.

Pourquoi ces réticences?

La pauvre enfant est-elle donc si arrogante que vous sembliez si malheureux de la servir.

Est-elle donc de si mauvais ton que l'on ait, pour ainsi dire, honte de cheminer en sa compagnie?

Elle doit vous trouver tous bien fiers, surtout après les efforts qu'elle fait pour être aimable :

Elle, qui s'enrubane des couleurs les plus tendres pour vous plaire;

Elle, qui vous parle si doucement;

Elle, qui fait tout pour qu'on l'aime;

Elle, qui, par une délicatesse excessive, se montre même un peu dure pour ceux qui la chérissent depuis longtemps, afin de ne pas vous froisser, vous qui ne l'aimez que depuis hier, — et affectez même de ne pas en convenir.

Conviens-en, citoyen ministre, on ne se montrerait pas plus dur et plus dédaigneux pour une maîtresse hautaine et exigeante.

Mais enfin, c'est ainsi; et notre jeune République le supporte avec douceur.

Elle veut prouver qu'elle possède toutes les vertus, même la patience.

Et je n'ai aucune inquiétude à ce sujet : elle se fera aimer à force d'aimer elle-même.

Encore quelques jours, et la glace fondra entre elle et vous.

Et vous n'aurez plus qu'un regret ; celui de l'avoir si longtemps méconnue et maltraitée.

Je n'insiste donc pas, citoyen ministre, sur la froideur dont tu paies ses caresses.

Les préventions cesseront d'elles-mêmes.

Et l'amour de ceux qui l'ont mal jugée s'augmentera infailliblement du profond respect qu'elle aura su leur inspirer.

Cependant, citoyen de Cissey, s'il est possible jusqu'à un certain point d'expliquer—et peut-être d'excuser—tes défiances tenaces à l'égard de la République, ta persistance à ne la reconnaître qu'avec de choquantes réserves, ta répugnance trop visible à ne pas l'appeler devant le monde par son vrai nom;

Il n'est guère explicable que toi et plusieurs de tes collègues, vous ne négligiez aucune occasion de la froisser par vos tendresses pour les hommes qui l'ont violée et meurtrie, après avoir assassiné sa mère.

Attends que l'amitié pour elle te vienne, citoyen ministre, soit.

Mais au moins, ne l'humilie pas dans ce qu'elle a de plus cher et de plus sacré, en comblant de sourires, devant elle, ceux qui l'exècrent et voudraient l'anéantir.

Crois-tu donc, citoyen ministre, que la pauvre enfant doive être bien flattée quand elle entend SES ministres ne pouvoir adresser à SES fonctionnaires ou à SON armée un manifeste de dix lignes sans qu'il y en ait dedans cinq exclusivement consacrées à chanter les louanges de l'empire?...

Crois-tu qu'il peut lui être bien doux, à cette pauvre enfant dont la plaie est encore saignante, d'entendre rassurer ses assassins.

Crois-tu que ce ne soit pas la meurtrir et presque l'insulter que de venir parler avec tant d'insistance des « *convictions respectables* » de ceux qui l'ont égorgée et parlent encore si haut de recommencer.

Non, citoyen de Cissey, ce que tu as fait là n'est pas bien.

Toi et le citoyen Buffet, vous vous souvenez trop du respect que l'on doit aux gens qui ont perdu la France, et pas assez de celui qui est dû à qui vient la relever.

Vraiment, c'est à demander en quel temps on vit!...

Comment!... voilà un gouvernement qui s'est écroulé sous le

mépris public, dans le sang des Français, dans les ruines de la France, après avoir, pendant près de vingt ans, accumulé hontes sur hontes, dépravations sur dépravations.

Ce gouvernement, né du viol et du vol, fondé par des escrocs, soutenu par des chevaliers d'industrie, défendu par des bandits, a, pendant vingt ans, tari les sources viriles de tout un peuple.

Pendant vingt ans, il a exilé les honnêtes gens, gorgé les coquins, gaspillé les finances, tué les enthousiasmes, abaissé les âmes, gavé les intrigants, corrompu la jeunesse.

Et, finalement, a mis la plus belle et la plus puissante des nations à la merci du premier conquérant venu avide d'argent, de meubles et d'horlogerie.

D'un autre côté, voilà la République qui, en moins de cinq années, au milieu de toutes les embûches, en butte à toutes les calomnies, en dépit de tous les mauvais vouloirs, a remis la France à peu près sur pied, a payé une rançon formidable, a reconstitué en partie les forces militaires, a réveillé les traditions, aux trois quarts mortes, d'honneur, de devoir et de patriotisme.

Et le jour où, triomphant, par le seul éclat de ses vertus, de toutes les résistances accumulées sur sa route, notre jeune et chère République a conquis sa place au soleil, forçant pour ainsi dire tous les hommes de bonne foi de tous les partis à venir enfin signer au bas de son acte de baptême.

Ce jour-là, où ses nouveaux parrains l'ont baptisée de si mauvaise grâce et en la brutalisant presque, elle n'entend sortir de leur bouche qu'une seule parole tendre.

Et cette parole tendre est pour l'empire !...

Ah !... vrai, citoyen de Cissey !... toi et tes pareils, vous faites boire au bébé du lait bien amer !

Et il faut qu'il ait bien envie de vivre pour prendre le sein !...

En somme, citoyen ministre, il faut pourtant en finir avec cette rengaine du « *respect des convictions et des sympathies* » qui depuis un mois menace de passer à l'état de scie.

Que l'on ait dit une fois aux bonapartistes:

« *N'ayez pas peur, on ne vous étranglera pas; vous n'en* « *valez pas la peine!...* »

Passe!...

Il était peut-être bon, à la rigueur, d'affirmer de nouveau ce que tout le monde ne sait que trop, d'ailleurs : que la République n'est pas un gouvernement de vengeance et de représailles.

Dieu sait que si jamais elle a péché par un côté, ce n'est pas par celui-là.

Car toujours elle pousse l'oubli jusqu'à...

Mais n'envenimons pas.

Je te disais donc, citoyen de Cissey, que je n'aurais pas trouvé trop mauvais qu'au lendemain du 25 février on assurât les bonapartistes de notre plus profond mépris. — Tout ce qu'ils valent du reste.

Mais il me semble de la dernière inconvenance que, dans tous les documents officiels qui se publient depuis que nous sommes en République, les ministres républicains accablent les impérialistes de prévenances et presque d'invitations à dîner.

Franchement, il me semble que c'est tout ce qu'il y a de moins en situation.

Cela rappelle par trop cette oraison funèbre du *Tintamarre*, à propos de je ne sais plus quel chenapan que l'on venait de mettre en terre :

— « C'était une franche canaille; respectons sa mémoire. »

En définitive, citoyen ministre, ce fameux « *respect des convictions et des sympathies* » qui peut sembler si logique et si généreux au premier abord, ne résiste guère à trois minutes de réflexion.

Et il s'agirait de savoir, avant de se payer de maximes ronflantes, si elles ont seulement le sens commun.

Les convictions et les sympathies que quelques *intéressés* ont pu conserver pour un état de choses qui a été jugé abominable, néfaste, honteux, criminel et réprouvé deux fois comme tel par le pays, sont-elles bien « *respectables ?* »

Cela ne paraît pas si prouvé que ça.

Assurément, il est admissible qu'une veuve remariée ait conservé de son premier époux un souvenir cher, et pour sa mémoire une sympathie profonde.

Elle peut même, tous les soirs avant de se coucher, faire part à son second mari de cette admiration rétrospective.

Ces sentiments sont des plus « *respectables,* » comme tu le dis, citoyen ministre, quoique, à la rigueur, l'époux actuellement sous les drapeaux puisse répondre à la veuve consolée :

— Corbleu ! madame, si vous regrettez autant que cela votre premier mari, vous auriez pu honorer jusqu'au bout sa mémoire en n'en prenant pas d'autre.

Mais avoue, citoyen de Cissey, que la mauvaise humeur du mari en activité serait encore bien plus légitime, s'il savait par exemple que son prédécesseur, tant fêté, était un malfaiteur de la pire espèce, ayant fini ses jours au bagne ou au bout d'une corde.

Je ne crois guère qu'en ce cas, l'idée puisse lui venir de dire à chaque instant à sa femme, en l'aidant à délacer son corset :

— Chère amie !... ne croyez pas que j'essaie jamais d'effacer de votre cœur ulcéré le souvenir de mon prédécesseur. Je comprends et j'admire les « *sympathies* » qu'il vous inspirait; elles me semblent aussi flatteuses pour moi que « *respectables.* »

Citoyen ministre, j'apprécie de mon mieux les sentiments de

délicatesse qui l'ont dictée, cette phrase polie, dans ta dernière circulaire aux officiers de l'armée française.

Tu as cédé au désir de ne froisser personne, et le respect du principe des droits acquis et des faits accomplis t'a guidé en cette circonstance, comme il a guidé lui-même le citoyen Buffet et autres fonctionnaires qui n'osent jeter l'ombre de l'Empire par-dessus bord, par je ne sais quel respect du passé; — je n'ai pas dit : *souci de l'avenir*.

Mais tu ne t'es pas aperçu, citoyen ministre, — et c'est là ce que je me permets de te reprocher très-respectueusement, — qu'en ménageant avec tant de sollicitude des hommes et des choses qui nous ont fait tant de mal, tu étais d'une cruelle injustice envers la République pour laquelle chacune de ces fleurs jetées sur la tombe de l'Empire est une offense mortelle.

Plus j'y songe, et moins je puis me décider à trouver respectables les sympathies que quelques hommes peuvent avoir conservées pour un régime flétri et condamné.

Admettrais-tu, citoyen de Cissey, qu'un ministre parlât, par exemple, dans une de ses circulaires, du « *respect* » dû aux « *convictions* » et aux « *sympathies* » qu'a pu laisser dans le cœur de quelques citoyens le souvenir de la commune?

Non, j'en suis sûr.

Eh bien! citoyen ministre, Sedan a été flétri au même titre que le déboulonnage de la colonne Vendôme et que les incendies de Paris.

Il n'y a donc aucune raison pour « *respecter* » davantage les « *sympathies* » et les « *convictions* » impériales, que les « *sympathies* » et les « *convictions* » communardes.

Voilà, citoyen ministre, ce que j'ai cru utile de démontrer.

Salut et fraternité.

GERVAIS MARTIAL,

Ouvrier.

LES 50

Lettres Républicaines

DE GERVAIS MARTIAL

OUVRIER

RECUEILLIES PAR TOUCHATOUT

XV

GERVAIS MARTIAL AU CITOYEN ROI DES BELGES

Où Gervais Martial complimente le citoyen roi des Belges — et le jalouse même un peu — de la réponse faite par son gouvernement à la note prussienne dans laquelle le citoyen Bismarck élevait la prétention d'assaisonner à son goût les plats que les autres mangent.

CHEZ TOUS LES LIBRAIRES

1875

Citoyen Léopold II,

Permets à un humble ouvrier républicain qui voudrait te voir au diable, citoyen roi, de t'adresser tout de même ses sincères félicitations à l'occasion d'un événement récent où tu t'es montré plein de crânerie et d'honnêteté.

J'ai lu dans les feuilles publiques la note que t'a adressée le gouvernement prussien pour réclamer de toi que tu muselles la presse belge qui s'était permis, paraît-il, d'exprimer des opinions contraires à celles de Bismarck dans la question religieuse actuellement agitée en Prusse.

J'ai lu aussi la réponse très-ferme et très-loyale que ton gouvernement a faite à cette note, et je crois devoir t'en exprimer toute ma satisfaction, citoyen roi.

Bigre !... on ne se mouche pas du pied dans le bon petit pays que tu as l'honneur de représenter.

Et cela fait du bien au cœur, surtout à l'époque où nous vivons, de voir la petite Clairette Angot mesurer fièrement du regard le colosse de sept pieds qui veut lui prendre la taille, et lui répondre carrément :

Qu'est-ce que tu fais donc là avec tes grosses pattes, grand melon !...

Il y a dans ta riposte, citoyen roi, certains passages qui m'ont été particulièrement doux.

Si doux !... que j'ai plaisir à les répéter et à les apprendre par cœur.

Je ne te dissimulerai pas qu'il y a même, dans cette joie, comme un peu de regret d'être obligé d'emprunter à un voisin des phrases que l'on aurait tant de plaisir à faire chez soi.

Enfin !... Ça viendra.

Comme tu as dû déjeuner de bon appétit, citoyen roi, le matin où tu as donné ton bon à tirer à cette note diplomatique qui contient des alinéas comme les suivants :

« Pour l'accomplissement de sa tâche, la Belgique trouve « l'appui le plus solide dans ses institutions libres, éprouvées « depuis près d'un demi-siècle, qui sont devenues les conditions « inséparables de son existence, et qui ont contribué à résoudre « enfin le problème fondamental de tous les gouvernements « modernes, le problème d'allier l'ordre à la liberté. »

Et un peu plus loin :

« Les libertés garanties par la Constitution, loin d'être une « source de faiblesse pour le gouvernement, sont pour lui un « élément de force et lui prêtent la faculté d'exercer sur un « peuple, habitué depuis les temps les plus reculés à administrer « lui-même ses affaires, une action persuasive qui est mille fois « plus respectée et mille fois plus efficace que ne pourraient « l'être des lois restrictives.

« Dans ce système seul, la Belgique a trouvé la force de « réfréner sur son propre territoire tous les excès et exaltations.

« Aujourd'hui que l'esprit public est complétement tran- « quille, des mesures répressives étonneraient d'autant plus le « pays, qu'un grand nombre de feuilles publiques (à l'encontre « des journaux ultramontains) défendent les mesures et la poli- « tique du gouvernement allemand. »

J'avoue, citoyen roi, que lorsque les républicains entendent un monarque tenir un pareil langage, ils n'ont pour le moment qu'une chose à faire : c'est d'être jaloux de tant de sagesse et de tant de justice.

C'est mon cas.

Et certes, si tu n'avais pas sur la tête cette satanée casquette en or ciselé qui reste, en somme, un véritable obstacle entre nous, je te tendrais ma grosse main de bon cœur par-dessus la tête du citoyen Buffet, qui ne parle pas aussi bien que toi, je t'en réponds.

Mais voilà!... c'est la casquette qui est le cheveu!... Ote ta casquette!.. Sois président de la Belgique, Belge tout simplement, et je te rends le tout petit peu qui te manque encore de mon amitié.

Alors, citoyen roi, d'après ce que je vois, le Bismarck demandait tout tranquillement que tu fisses taire chez toi les journaux qui ne pensaient pas comme lui, chez lui!...

Eh! bien... il n'est pas dégoûté!...

Ce n'est vraiment pas la peine d'avoir tant de pendules pour être si en retard.

Evidemment, le gouvernement prussien ne persistera pas dans cette prétention qui n'a d'équivalent comme grotesque que les romans de Xavier de Montépin.

Ce n'était là qu'une de ces tentations volumineuses qu'un seul éclat de rire suffit à dégonfler.

L'orgueil inséparable de deux ou trois gros triomphes guerriers, joint à la mauvaise humeur que ressentent les gens heureux d'être un peu contrariés, avait dicté au Bismarck cette désopilante fantaisie.

Mais c'est fini, sans aucun doute.

Nous n'entendrons plus jamais parler de cette boutade.

Aussi puissante que soit une artillerie, elle ne peut porter aussi loin que le ridicule.

Et le Bismarck n'affrontera pas le ridicule, ce véritable Krupp qui ne lui a pas été rendu à Sedan, ni à Sadowa, heureusement.

Il n'en est pas moins vrai, citoyen roi, que ce petit incident a fait beaucoup jaser.

Et qu'il a duré assez longtemps pour que l'on ait le loisir de se demander où nous allions, où l'Europe allait..., où le monde entier allait peut-être..., si ce système d'invention germanique avait pu être implanté parmi nous.

Vois-tu d'ici, citoyen roi, toutes les conséquences qui eussent naturellement découlé de ce principe d'immixtion internationale?

Du jour où il serait admis, par exemple, qu'une puissance pourrait dire à une autre puissance :

« Tu as une loi sur la presse qui me déplaît; je te donne « quarante-huit heures pour en faire une autre ! »

Il n'y aurait plus aucune raison pour qu'elle ne pût pas exiger le lendemain la réforme de toutes les autres lois qu'elle ne trouverait pas à son goût chez ses voisins, depuis les lois constitutionnelles jusqu'aux arrêtés municipaux sur le musellement des chiens pendant la chaleur.

De là à envoyer aux gouvernements d'alentour des formules de lois toutes faites, que ces gouvernements n'auraient plus qu'à remplir et à promulguer, il n'y aurait qu'un pas.

Et nous assisterions, beaucoup plus prochainement que l'on ne peut le croire, à cet entrecroisement de dépêches sur tous les fils télégraphiques de l'Europe.

« GOUVERNEMENT SUÉDOIS A BISMARCK.

« *Loi électorale usée jusqu'à corde, — besoin être remplacée. — Envoyez une plus tôt possible.* »

« BISMARCK A GOUVERNEMENT SUÉDOIS.

« *Envoie loi électorale demandée. — Dernière, pas fait usage. — Tâchez ménager celle-ci.* »

« GOUVERNEMENT ESPAGNOL A BISMARCK.

« *Sommes sans loi sur réunions publiques. — Faites faire une par Reischtag et expédiez vite. — Quelque chose pas trop dur, s. v. p.* »

« BISMARCK A GOUVERNEMENT ESPAGNOL.

« *Vous mettons poste loi réunion publique demandée. — Croyons, au contraire, que vous la faut très-serrée. — Appliquez modèle inclus et pas observations.* »

« GOUVERNEMENT ITALIEN A BISMARCK.

« *Avons besoin nouvelles lois fiscales pour budget* 1876. »

« Bismarck a Gouvernement italien.

« *Ai décidé que serviriez cette année même budget que Autriche. — Prenez copie Vienne, — et exécutez point en point.* »

Tu vois — ou plutôt, tu as vu — citoyen Léopold, où menaçaient de nous mener les prétentions de la Prusse.

Et tu t'es bravement mis en travers, en ce qui te concerne, comme le charbonnier du proverbe.

Tu as eu raison; car les choses ne s'arrêteraient pas encore là.

Après s'être adjugé le monopole de la fabrication de toutes les lois qui se consommeraient en Europe, le gouvernement qui aurait réussi à se faire le fournisseur législatif breveté de tous les autres, élèverait bientôt d'autres prétentions.

D'abord, il voudrait nommer lui-même tous les fonctionnaires des états voisins, depuis les ministres jusqu'aux gardes champêtres.

Ensuite, il exigerait qu'on lui accordât le droit de distribuer tous les bureaux de tabac.

Et de fil en aiguille, il arriverait certainement à monopoliser l'entreprise du balayage de tous les boulevards et de toutes les rues de l'Europe.

Tu as compris, citoyen Léopold, qu'il fallait, dès le début, opposer la résistance la plus ferme à de telles exigences; et tu as répondu au Bismarck ce que j'ai retracé tout à l'heure.

Comme je te le disais, citoyen roi, je te complimente sincèrement de cette ferme attitude; mais je t'en complimente avec un certain sentiment de jalousie;

Car, je ne me le dissimule pas, tous les gouvernements d'Europe n'eussent pas été aussi avantageusement posés que le tien pour le prendre, en pareille circonstance, sur ce ton dégagé qui me plait tant.

Suppose, par exemple, qu'au lieu de régner sur un brave petit pays qui s'est offert le grand confortable de *presque* toutes ses libertés politiques, notamment celle de la presse, tu sois roi d'un État où les journaux ne puissent parler qu'avec ta permission et même ne paraître qu'avec ton agrément; quelque chose comme l'état de siége, par exemple;

Que serait-il arrivé le jour où le ton de la polémique de tes journaux brevetés eût déplu au Bismarck?

Il serait arrivé que le Bismarck eût pu te dire, non sans quelque apparence de logique :

— Les journaux belges me débinent ; or, comme les journaux belges ne disent que ce que vous leur laissez dire, les journaux belges, ce sont vos journaux. Par conséquent c'est vous qui me dites des sottises et ça ne me convient pas.

Je crois, citoyen roi, que tu n'aurais pas eu grand'chose à répondre à cela.

Du moment où un peuple est traité en mineur, s'il éclabousse les passants, les passants s'en prennent au papa. C'est clair.

Mais heureusement pour toi, citoyen roi, tu étais beaucoup mieux placé. Ta constitution te couvre, et tu as pu dire avec raison :

— Chez moi, tout se discute librement ; les opinions de chacun n'engagent personne. N'ayant pas le droit d'empêcher de dire noir, je ne puis songer à m'arroger celui d'empêcher de dire blanc. Je ne m'en trouve d'ailleurs pas mal, ce qui est déjà quelque chose ; mais mon peuple s'en trouve tout à fait bien, ce qui est beaucoup plus important.

Reçois donc mes félicitations, citoyen Léopold, non de régner sur un peuple — il n'y a pas de quoi,

Mais d'appartenir à une nation qui en devance bien d'autres, hélas !... sur la route du progrès et de la liberté.

Des questions comme celle qui vient d'être soulevée par la Prusse se traiteraient on ne peut plus facilement de potentat à potentat.

Entre confrères, on s'aide.

Un souverain absolu va trouver un autre souverain absolu et lui dit :

— Cousin !... faites donc taire vos gens qui donnent de mauvais conseils aux miens.

Et l'autre de répondre :

— Comment donc, cher ami, mais très-volontiers !... à charge de revanche.

Mais entre potentat et roi constitutionnel, les choses heureusement ne peuvent plus se passer ainsi.

Et quand le potentat vient dire à l'autre :

— Obligez-moi donc de museler un peu votre presse.

L'autre répond :

— J'en suis bien fâché ; mais c'est là un droit que je suis fier de ne pas avoir.

Il est peut-être vrai, citoyen Léopold, que le souverain absolu pourrait répondre au petit roi constitutionnel, avec un petit rire moqueur :

— Confrère !... si vous régnez sur un peuple qui se gouverne lui-même... qu'a-t-il donc besoin de vous ?

Citoyen roi, j'allais te le dire.

Mais je n'osais pas, par politesse.

Salut et fraternité.

GERVAIS MARTIAL,

Ouvrier.

LES 50
Lettres Républicaines

DE GERVAIS MARTIAL

OUVRIER

RECUEILLIES PAR TOUCHATOUT

XVI

GERVAIS MARTIAL AU CITOYEN ARCHEVÊQUE D'AIX

Comme quoi Gervais Martial est aussi satisfait qu'étonné de se trouver une fois d'accord avec le citoyen archevêque d'Aix, et de s'unir à lui avec joie pour dire de la presse FIGAROTIÈRE tout le bien qu'il a sur le cœur.

CHEZ TOUS LES LIBRAIRES

1875

LIVRAISON 16.

Citoyen Archevêque,

Au moment où une certaine presse vient de faire cette merveilleuse trouvaille d'englober beaucoup d'écrits démocratiques sous la rubrique : *La propagande du poison*, j'ai pensé que les républicains pouvaient bien, à leur tour, dire ce qu'ils pensent de ces mêmes journaux de démoralisation qui ont poussé, comme de la mousse, sur l'empire, et sont encore, à notre honte, presque en pleine faveur.

J'ai cru également que je ne pouvais mieux m'adresser qu'à toi, citoyen archevêque, pour traiter cette question, puisque justement tu viens d'écrire au rédacteur en chef du *Figaro* — tête de ligne de cette presse ramollissante — une lettre dans laquelle tous les honnêtes gens ont lu avec plaisir cette phrase :

« J'ai déjà commencé, et je ne puis que continuer pendant « ma présente tournée de confirmation, à signaler partout votre « journal comme le premier des journaux auxquels ni prêtres « ni fidèles ne peuvent s'abonner en sûreté de conscience. »

Tu n'es pas le seul membre de l'épiscopat français — ni même le premier — citoyen archevêque, qui penses et dises cela des journaux auxquels la France est redevable d'une bonne partie de ses malheurs.

Car je vois que, le 30 mars 1875, le citoyen archevêque de Paris, signalant aux comités catholiques de France une « *certaine presse qui corrompt en entretenant une curiosité* « *malsaine* », a dit :

« Cette presse, d'un genre à part, prend tous les visages

« pour se faire accepter. Elle fait marcher de front le respect « de la religion et la savante exploitation du scandale. Elle met « de l'art à parler du vice sans le faire détester, et, en même « temps, les hommages à la vertu semblent faire partie de son « programme.

« Rien n'est plus dangereux ; il faut que les familles chré« tiennes ferment la porte à ce journalisme qui va de l'église au « théâtre, et qui fait beaucoup de mal, précisément parce qu'il « se donne les airs de vouloir le bien.

« Vous ne devez pas encourager une telle presse par « l'exemple de l'abonnement, mais vous devez mettre tout le « monde en garde contre de pareils poisons. »

Le mot « *poison* » y est en toutes lettres, citoyen archevêque.
Quelle revanche à la fameuse « *propagande du poison* » inventée par ces journaux effrontés !...

Certes, citoyen archevêque, je n'ai pas l'intention de me targuer outre mesure des anathèmes lancés par le clergé contre le *Figaro* et autres feuilles de même fange.

Le clergé a proscrit — et proscrit chaque jour — trop de livres que j'aime pour que je me permette de m'applaudir bien fort d'être, une fois par hasard, d'accord avec lui.

Mais il ne peut pourtant m'être indifférent de trouver dans ton jugement, la consécration du mépris que tous les gens de cœur professent pour un genre de presse dont la puissance même a fait une véritable plaie.

C'est donc avec un véritable plaisir que je viens causer avec toi, citoyen prélat, de ces journaux horriblement malsains, dont notre décadence explique le succès, ou est expliquée par lui, comme tu voudras.

Puisque c'est surtout le *Figaro* que tu as visé dans ta lettre, citoyen archevêque, parlons du *Figaro*.

D'ailleurs, c'est justice : à tout seigneur, tout honneur.

Et ce *Figaro* a le droit d'être jugé comme chef d'emploi, comme création du genre.

Une parenthèse :

Tu condamnes cette feuille, citoyen archevêque, mais tu n'ignores pas, je suppose, que le clergé ne s'associe pas tout entier à ton jugement sur elle.

Il n'est que trop vrai que beaucoup d'ecclésiastiques la reçoivent et la lisent.

Pourquoi la reçoivent-ils ? Pourquoi la lisent-ils ?...

Quelle satisfaction peuvent trouver dans la lecture de racontars mondains et indécents, les ministres d'une religion qui a pour base l'austérité et la vertu ?

Ce sont autant de questions auxquelles je te laisse le soin de répondre.

Si ces prêtres ont quelque chose de désagréable à entendre, je préfère que ce soit toi qui le leur dises.

Je crois que cela fera plus d'effet.

J'ai voulu constater seulement que l'influence figarotique a forcé les barrières mêmes du vice, et qu'elle est parvenue à se faire sentir presque dans les couches les plus pures et les plus intactes de notre génération bien à plaindre.

Reconnaître la puissance d'un fléau, c'est en souligner doublement le danger.

Ne nous la dissimulons donc pas, cette puissance ; abordons-la de front, au contraire.

Nos lâchetés l'ont faite trop grande pour que nous puissions éviter aujourd'hui de compter sérieusement avec elle.

Qu'est-ce que le *Figaro ?*

D'où vient son succès immense ?

Quand ce succès finira-t-il ?

Voilà le triple et triste problème que nous avons présentement la honte d'être forcés de nous poser.

Tant pis pour nous !...

Il ne fallait pas laisser tomber notre dignité dans la boue.

Nous ne serions pas obligés aujourd'hui de nous y plonger tout entiers pour aller la reprendre.

Qu'est-ce que le *Figaro ?...*

Le *Figaro* est le type par excellence de cette presse bâtarde dont la création répondit si bien il y a dix ans aux besoins et aux plaisirs d'une génération sans morale et sans souffle.

Éclose en pleine époque d'abjection, au milieu des vices élégants des soutiens et des engraissés de l'Empire, cette feuille eut bien vite le succès auquel elle avait droit.

Je ne te rappellerai pas, citoyen archevêque, ce dont tu te souviens aussi bien que moi : les phases par lesquelles a passé ce journal avant de pousser l'audace jusqu'à s'intituler presque le *sous-officiel* du clergé français.

Tu sais ce que lui ont dû les hautes catins du bas-Empire.

Tu sais combien d'entre elles sont devenues fameuses, grâce à son appui.

Tu sais que pendant longtemps, il ne se perdait pas un chien de cabotine, sans que le *Figaro* publiât cette nouvelle artistique en profitant de l'occasion pour donner, avec le nom du chien, l'adresse et les heures de la dame.

Tu sais que le *Figaro* avait des reporters spéciaux qui allaient jauger les bains au vin de champagne de Mlle Blanche d'Antigny avant qu'elle n'entrât dans la baignoire, et les jauger encore après qu'elle en était sortie.

Tu sais qu'un jour l'un de ces... littérateurs a même publié à ce propos que chaque bain de cette éminente artiste dramatique donnait un bénéfice de deux bouteilles quand on le remettait en flacons.

Tu sais tout cela, citoyen archevêque, et je me doute bien un peu que c'est ce qui a excité ton dédain pour cette espèce de presse dont le répertoire est si vacillant que sa collection contient depuis l'éloge de l'Église jusqu'aux propos des plus mauvais lieux.

Mais ce n'est pas tout.

Quand le *Figaro* fut devenu riche et eut acquis beaucoup de ces écus qu'un honnête homme ne mettrait pas dans son porte-monnaie avant de les avoir passés un à un à l'eau seconde;

Quand le *Figaro* fut devenu influent — ce qui devait nécessairement lui arriver puisqu'il avait pris son point d'appui sur ce qu'il y avait alors de plus puissant : le vice ;

Alors le *Figaro* élargit le cadre de ses malfaisances.

Il devint politique.

Je n'ai pas besoin de te rappeler non plus, citoyen archevêque, quels furent les procédés politiques du *Figaro*.

Tu n'as pas oublié que, condamné un jour pour je ne sais quel délit, il s'aplatit, pour obtenir sa grâce, devant le prince impérial alors âgé de... trois semaines.

Tu n'as pas oublié que, plus tard, se trouvant compromis par la collaboration de Rochefort qui lui faisait gagner beaucoup d'argent en fouaillant l'Empire, il jeta Rochefort par dessus bord.

Tu n'as pas oublié qu'après le 4 Septembre, le dépouillement des papiers secrets de la famille impériale prouva clair comme le jour l'existence de douces chaînes de saucisses qui attachaient le *Figaro* au gouvernement de Vélocipède père.

Tu n'as pas oublié que, toujours après le 4 Septembre, le *Figaro*, pendant quinze jours, se mit à embrasser la République sur la bouche, avec des transports d'enthousiasme.

Et tu n'as pas oublié que lorsqu'il se fût assuré que la République du 4 Septembre avait à sa tête des hommes qui ne se feraient jamais craindre que des républicains, le *Figaro*, rassuré, se remit à invectiver la République.

Tu sais que, depuis cinq ans, il n'a pas cessé un seul jour de se livrer à cette douce occupation.

Et qu'il ne l'a variée de temps en temps qu'au moyen de quelques séries d'injures à l'adresse de Victor Hugo qu'il traite de vieil âne, de Garibaldi qu'il appelle splendide ganache, et de M. Thiers qu'il a tout crûment appelé : *Prussien !*

Voilà ce qu'est le *Figaro*, citoyen archevêque ; le plus fort engin ramollissant que jamais pleutrerie humaine ait pu rêver.

D'où vient donc, disions-nous tout à l'heure, le succès d'une chose aussi malpropre ?

Et quand ce succès finira-t-il ?

Je crois que c'est facile à résoudre.

Le succès d'un produit malpropre vient de la malpropreté des mœurs.

Et il finira quand les mœurs seront moins sales.

Voilà, citoyen archevêque, ce que j'avais à te dire de cette presse sur laquelle tu viens de déverser ta malédiction.

Cette presse, nous la maudissons comme toi ; peut-être pas tout à fait pour les mêmes raisons ; mais nous l'exécrons autant.

Elle a été la complice des crimes du passé.

Et nous la considérons comme une des plus redoutables menaces pour l'avenir.

Quant à la prise que peuvent avoir contre ce fléau les excommunications comme celle que tu viens de lancer, citoyen archevêque, je n'y crois guère.

Ce n'est pas en déplorant un vice que l'on en a raison.

Le seul moyen de le combattre et de l'anéantir, c'est de travailler à en supprimer les causes.

Or, la *cause* de la presse honteuse, c'est d'abord notre honte, qui lui a donné l'idée de naître, lui a permis de vivre et l'a faite riche et puissante.

Cette presse ne peut subsister qu'à l'état de champignon sur nos moisissures morales.

Qu'un traitement énergique rende à nos organes débilités, gangrénés, en chemin de putréfaction, leur vigueur, leur virilité, et les choses malsaines, n'y trouvant pas l'aliment qui leur convient, cesseront d'y croître et d'y prospérer.

Après tant de revers, de désastres, de malheurs, la Providence a encore eu pitié de nous, citoyen archevêque, puisqu'elle nous a laissé cet instrument de précision qui s'appelle la presse figarotique, et qui nous servira à mesurer avec la plus rigoureuse exactitude la marche de notre enfoncement ou de notre relèvement.

Je considère, moi, *le Figaro* comme un *corruptionnomètre* des plus exacts.

Nous n'avons qu'à plonger tous les matins cet outil dans notre infortunée société pour savoir au juste de combien de degrés, depuis la veille, nous avons monté vers la vertu ou descendu vers le vice.

Le Figaro publie tous les trois mois, en tête de ses colonnes, un insolent inventaire dans lequel des bénéfices s'étalent par millions.

Ces exposés de situations sont pour nous le plus brutal et le plus solide des enseignements.

Tant que les recettes du *Figaro* monteront, citoyen archevêque, prie pour notre pauvre France de toutes tes forces : c'est qu'elle en aura bien besoin.

Le jour, par exemple, où les actions du *Figaro* ne vaudront plus que quatre sous la livre, au prix du vieux papier,

Ah ! ce jour-là, citoyen archevêque, tu pourras chanter un fier *Te Deum*.

Foi de libre penseur !... je crois que je serais capable de faire une concession et d'aller l'entendre.

Salut et fraternité.

GERVAIS MARTIAL,
Ouvrier.

LES 50 Lettres Républicaines

DE GERVAIS MARTIAL
OUVRIER

RECUEILLIES PAR TOUCHATOUT

XVII

GERVAIS MARTIAL AU CITOYEN PRÉSIDENT DE LA RÉPUBLIQUE

Comme quoi Gervais Martial essaie de prouver au citoyen président de la République que pour savoir ce que les gens pensent, le meilleur moyen est encore de le leur demander.

CHEZ TOUS LES LIBRAIRES

1875

Citoyen Président de la République,

Que me dit-on, citoyen Président?

Il paraît que ton conseil des ministres a décidé que les élections complémentaires, pour les siéges actuellement vacants à l'Assemblée nationale, n'auraient pas lieu d'un seul bloc.

On ne ferait nommer que deux députés, et l'on attendrait pour les autres que le délai légal de six mois fût expiré.

Je ne puis croire, citoyen Président, qu'une semblable décision ait ton agrément.

Tu as évidemment trop de souci de l'opinion publique pour vouloir qu'on lui marchande, avec tant de mesquinerie, les occasions de se prononcer.

Sans doute, la loi te donne le droit de ne convoquer les électeurs qu'au bout des six mois qui suivent les vacances qui se sont produites.

Mais, dans les circonstances décisives que nous traversons, il ne peut entrer dans ta pensée de prendre à la lettre cette disposition.

Ton âme, que l'on s'accorde à dire si fière et si loyale, ne saurait accepter, comme moyen de gouvernement, ce piteux expédient que le public a déjà nommé : l'exploitation de la bronchite.

Si nous étions à une époque ordinaire, citoyen Président, on comprendrait peut-être, à la rigueur, que tu ne convoquasses les électeurs que dans les délais stricts, prévus, comme maximum, par la loi.

Mais comment admettre qu'au moment où l'Assemblée va avoir à discuter les bases fondamentales de nos nouvelles institutions, un gouvernement, quel qu'il soit, prétende profiter des vides qui se sont produits sur les bancs de la Chambre!

Quelle est la majorité qui oserait affronter cette page de l'histoire future :

« La majorité parlementaire de 1875 ne dut qu'à trois re-
« froidissements, auxquels succombèrent trois députés, de rester
« la majorité. »

Un pareil calcul ne peut entrer dans l'esprit de personne, et encore moins dans le tien, citoyen Président, qui as à cœur, par-dessus tout, de gouverner le pays avec l'agrément du pays.

L'ajournement des élections complémentaires serait assurément considéré par la France comme un subterfuge ayant pour but de profiter de l'absence d'une partie des juges pour rendre une sentence que leur présence pourrait modifier.

Ce serait là, citoyen Président, un moyen qui manquerait à la fois de grandeur et d'équité, et tu pèseras de toutes tes forces pour qu'il ne soit pas employé, — ni même tenté.

Et puisque c'est par exagération que l'on arrive souvent à faire jaillir la vérité, permets-moi, citoyen Président, de supposer un instant ceci :

Un déraillement du train qui conduit les députés à Versailles a lieu le 11 mai prochain.

Deux cent vingt-deux membres de la droite sont broyés.

Profitant de ce qu'ils peuvent n'être remplacés que dans six mois, les survivants veulent passer outre et voter toutes sortes de choses, entre autres :

Le levée de l'état de siége,

La rentrée du gouvernement à Paris,

La dissolution immédiate,

Et l'amnistie.

Associerais-tu ta loyale épée à cette manœuvre, à cette escobarderie ?

Non, citoyen Président ! Tu dirais :

« Du sommeil d'un aiguilleur ne peut dépendre la destinée d'un pays... Complétons-nous d'abord... nous verrons après. »

Et tu aurais raison, citoyen Président !

Salut et fraternité.

GERVAIS MARTIAL,

Ouvrier.

XVIII

GERVAIS MARTIAL AU CITOYEN DE PÈNE

Directeur de PARIS-JOURNAL

Où Gervais Martial trouve mauvais que le citoyen de Pène se réjouisse de ne voir mettre dans le civet de lièvre républicain en cuisson que des têtes de lapins bonapartistes.

—

Citoyen de Pène,

Le citoyen amiral La Roncière le Noury, qui vient d'être appelé à un poste important dans la marine française, et dont les sympathies bonapartistes ne sont un secret pour personne, n'a eu rien de plus chaud que de choisir pour chef d'état-major le capitaine Duperré, ancien aide de camp du prince impérial.

Plusieurs journaux républicains se sont naturellement élevés contre ce choix.

Ils trouvent — et non sans quelque raison — que l'absence de *rancune*, si bien prêchée dans la fameuse déclaration de principes du citoyen Buffet, lors de son entrée au ministère, commence à aller un peu loin.

Toi, au contraire, dans ton journal, citoyen de Pène, tu applaudis de toutes tes forces, d'abord au choix qu'a fait le ministre républicain d'un amiral impérialiste, et ensuite au sous-choix qu'a fait cet amiral de la République d'un chef d'état-major dont les plus gros états de service consistent à avoir chevauché derrière le vélocipède du petit SÉDAN TER.

Tu trouves fort étonnant, citoyen de Pène, que les républicains s'inquiètent un peu de voir, malgré le vote du 25 février et les deux votes de déchéance, les postes importants confiés, presque de préférence, aux anciens serviteurs de l'Empire.

Et tu t'écries à ce propos :

« Ainsi, on ne demandera plus à un général, avant de lui « confier une mission : Quels sont vos états de service?... mais « bien : Quelles sont vos opinions politiques?... »

Pardon!... Pardon!... citoyen de Pène... Il ne s'agit pas absolument d'exiger qu'un amiral admire la République, — quoiqu'à la rigueur, il ne serait peut-être déjà pas si bête de lui demander s'il est disposé à la servir.

Mais il ne s'agit pas non plus — si l'on admet que le bonapartisme d'un homme n'est pas une mauvaise note — de lui accorder que c'en est une bonne.

Et c'est un peu ce qui arriverait fatalement si l'on se mettait à caser avec des numéros de faveur tous les décavés de l'Empire.

Vois-tu, citoyen de Pène, voilà où conduisent les sentences véreuses.

Petit à petit, on a habitué les imbéciles à cette phrase odieuse :

« La République n'est possible que sans les républicains. »

Si bien que, maintenant, on pourrait presque leur faire avaler que « *la République n'est possible qu'avec les bonapartistes.* »

Je m'étais toujours douté que ce cliché nous mènerait là.

Salut et fraternité.

GERVAIS MARTIAL,
Ouvrier.

XIX

GERVAIS MARTIAL AU CITOYEN GANTELLI
Ministre Italien

Où Gervais Martial souhaite — sans l'espérer pourtant — au citoyen ministre italien le même succès qu'au ministre belge.

—

Citoyen Gantelli,

Il paraît que tu viens, de ton autorité privée, d'interdire à une brochure l'entrée du territoire italien.

Je ne nomme pas cette brochure, parce que son titre ne fait rien à la chose.

Ce qui est seule en question, c'est le principe de la liberté de la presse.

Avoue, citoyen Gantelli, que, grâce à toi, nous assistons à un curieux spectacle.

Il faut justement que la mesure répressive que tu viens de prendre, tombe au moment où l'Europe attentive assiste, dans un autre de ses coins, à une scène toute différente.

Tu as entendu parler de l'incident prusso-belge, n'est-ce pas, citoyen Gantelli?

Eh bien, juge un peu quel effet ce double incident va produire dans l'opinion publique.

D'un côté, un ministre monarchique qui empêche les écrits étrangers de pénétrer dans son pays.

De l'autre, un ministre, également monarchique, qui refuse de bâillonner les écrivains qu'un gros et puissant empire lui désigne.

Conviens, citoyen Gantelli, qu'il y a là une remarquable coïncidence, pour l'Europe un gros sujet de méditations, et pour ton gouvernement une dangereuse comparaison à affronter.

D'une part un Etat fort, presque imposant, le tien, qui s'alarme d'une brochure venant de l'étranger, se rue dessus de tout son poids, et le dénonce à tous ses gabelous, avec un acharnement qui ressemble à de la terreur.

De l'autre, un État matériellement faible qui trouve dans ses principes constitutionnels le courage et la force de faire respecter chez lui la liberté de la presse, au risque même d'encourir certains désagréments graves.

Je crois, citoyen Gantelli, que tu as bien malheureusement choisi ton temps pour prendre une telle mesure.

Les gens de bon sens, occupés en ce moment à admirer la contenance honnête et ferme du gouvernement belge, trouveront la tienne bien mesquine lorsqu'ils tourneront la tête de ton côté.

Un gouvernement qui fait respecter sa constitution sera toujours bien plus joli à regarder qu'un ministre grincheux qui fait fouiller les femmes enceintes à la frontière.

Salut et fraternité.

GERVAIS MARTIAL,
Ouvrier.

XX

GERVAIS MARTIAL AU CITOYEN DONCIEUX

Préfet de la Vaucluse

Comme quoi Gervais Martial complimente le citoyen préfet de la Vaucluse, de la bonne opinion qu'il a de la République française.

Citoyen préfet,

Le citoyen ministre Buffet a beau te « *couvrir,* » comme il l'a dit à la dernière séance de la commission de permanence, je crois que le bouclier a des trous par lesquels on peut passer et t'atteindre.

Permets que j'essaye, citoyen préfet.

Nous disons donc, citoyen Doncieux, qu'après t'être montré plein de poigne pour le compte du gouvernement de l'ordre moral, après avoir supprimé, suspendu, interdit dans tout ton département, à l'aide d'un casse-presse mécanique de combat, tous les journaux républicains de la Vaucluse, tu te montres aujourd'hui d'une douceur plus qu'évangélique pour les familles royalistes qui ne font pas plus de cas de la nouvelle Constitution républicaine que d'un vieux rigollot hors d'usage.

On dit que tu tolères — et même au besoin que tu inspires, — des alinéas comme celui-ci, qui a été cueilli tout frais dans un des journaux placés sous ta surveillance :

« Le *Républicain de Vaucluse* se plaint amèrement que « l'étiquette : *République française,* soit inscrite en caractères « microscopiques en tête des actes officiels. Voyons, il s'agit de « s'entendre : Avant que la marque fût abolie, parmi ceux qui la « portaient, il doit y en avoir eu bien peu qui fussent tentés de « l'exhiber en s'en faisant gloire. »

Eh bien ! mais... mon sincère compliment, citoyen préfet !... on ne te reprochera plus de manquer de tolérance au moins !...

Tu touches les appointements de la République française avec une véritable grandeur d'âme, et tu la laisses comparer au bagne !...

C'est très-stoïque, sais-tu !...

Alors, comme cela, bien vrai... tu ne fais aucune différence entre le : R. F. et le T. F. ?... Tu as la majuscule élastique, citoyen préfet.

Ne crois pas que je t'en fasse un crime au moins, allons donc !... Je te trouve au contraire parfaitement dans ton rôle.

Et puis, qu'aurais-tu donc besoin de te gêner ?...

Tu es « *couvert* » par le citoyen ministre.

C'est lui qui l'a dit.

Du reste, ce système de « *couverture* » me va assez.

Un écrivain insulte la Constitution; à qui s'en prendre ?

Le journal couvre le journaliste;

Le préfet couvre le journal;

Le ministre couvre le préfet.

Mais qui couvrira le ministre, quand on lui demandera des comptes ?

Pas moi, citoyen Doncieux, pas moi.

Salut et fraternité.

GERVAIS MARTIAL,

Ouvrier.

LES 50

Lettres Républicaines

DE GERVAIS MARTIAL

OUVRIER

RECUEILLIES PAR TOUCHATOUT

XXI VIII

GERVAIS MARTIAL AU CITOYEN PAUL DE CASSAGNAC

Rédacteur en chef du PAYS

Où Gervais Martial explique au citoyen Paul de Cassagnac qu'il n'entend pas de la même façon que lui « L'APPEL AU PEUPLE », et s'oppose à ce que l'on barre, à un voyageur, trois routes sur quatre avant de lui dire de choisir celle qu'il veut prendre.

CHEZ TOUS LES LIBRAIRES

1875

Citoyen Rédacteur,

Depuis longtemps déjà, j'éprouvais le désir de t'adresser une de mes *lettres républicaines*, car j'avais remarqué qu'il y a beaucoup à reprendre dans les arguments que toi et tes rédacteurs étalez chaque jour dans ton journal, en faveur du bonapartisme.

Malheureusement le ton habituel de ta polémique poissarde permettant rarement d'entamer une discussion avec toi, citoyen, j'avais été privé de ce plaisir.

Cependant ça me démangeait, et j'avais fini par me dire un matin :

— C'est égal... il faudra tout de même que je cause un jour avec ce citoyen-là. Il dit trop de bêtises, ça ne peut pas durer.

Et je m'étais bien promis que la première fois que je tomberais sur un article de toi, assez propre pour qu'on puisse le prendre sans pincettes, j'y répondrais de suite.

Ah ! dame !... j'ai attendu pas mal de temps.

Mais, aujourd'hui, je viens d'ouvrir ton journal et d'y trouver enfin un grand article dans lequel, ô miracle !... tu ne nous traites pas de « *sales mufles* » !...

Je tiens donc la promesse que je m'étais faite, et, profitant avec empressement d'un jour où tu es à peu près poli, — occasion que je ne retrouverais peut-être pas de sitôt, — je vais avoir l'honneur de répondre à tes arguments, qui ne valent pas cher, par parenthèse.

Justement, cela tombe on ne peut mieux, citoyen rédacteur ; tu traites, dans cet article, la question la plus intéressante du moment : celle du plébiscite.

Je ne pouvais avoir plus de chance.

D'ailleurs, c'est votre dada favori, le plébiscite, à vous autres bonapartistes.

Et Dieu sait si vous en jouez bien depuis trois ans !...

Donc, voilà ton thème, citoyen rédacteur.

La France va avoir à se prononcer solennellement, dans quelques mois, sur les institutions politiques qu'elle préfère. Etant donné — du moins c'est ce que tu crois — qu'elle doit avoir conservé l'habitude de répondre machinalement OUI à tout ce qu'on lui demande, tâcher qu'on lui pose la question de façon à ce que la réponse profite à l'empire.

Ce n'est pas plus malin que ça, n'est-ce pas ?

Partant de là, tu entasses chaque jour bourdes sur bourdes pour essayer d'établir que les républicains n'étant peut-être pas aussi nombreux en France, A EUX TOUT SEULS, que les légitimistes, les orléanistes et les bonapartistes RÉUNIS, il est clair que la nation veut l'empire.

Pour n'être pas accusé de me donner raison en parlant tout seul pendant que tu n'es pas là, citoyen, je cite textuellement ton alinéa :

« Ils n'ignorent pas, ces républicains si fiers en théorie, que « si jamais la République était mise aux voix en France par un « *oui* ou par un *non*, comme l'Empire accepté à plusieurs « reprises, ils n'ignorent pas que la réponse serait écrasante... »

Oh ! citoyen rédacteur..., tu me fais de la peine !... Employer de tels moyens de discussion !... Fi !... ce n'est pas beau.

Comment peux-tu oser comparer Napoléon III consultant la France, couteau, préfets et gardes-champêtres sur la gorge, avec notre pauvre petite Cendrillon de République d'aujourd'hui, encore livrée aux mains de ces mêmes préfets et de ces mêmes gardes-champêtres.

Ce n'est pas de la discussion loyale, cela, citoyen.

Tu sais très-bien que pour que les républicains puissent accepter le parallèle et l'épreuve à chances égales, il faudrait d'abord que des moyens égaux fussent mis à leur disposition.

Que la République commence par placer partout des fonctionnaires à elle, comme Vélocipède père avait placé partout des hommes à lui en 1852 et 1870.

Et qu'elle dise ensuite à la France :

— Je suis le seul pouvoir existant... me choisissez-vous?

Oh! comme cela, je veux bien!

Mais, encore..., en admettant, comme tu parais le croire, citoyen Cassagnac, que l'appel au peuple, même très-honnêtement et très-loyalement préparé, la République n'obtienne pas la moitié plus un du nombre des votants.

Qu'est-ce que cela prouverait?

Je suppose que l'on adopte ton système.

Un beau matin, on demande aux dix millions d'électeurs inscrits :

— Voulez-vous la République?

Six millions répondent : *non*.

Et quatre millions seulement répondent : *oui*.

Et après que ferait-on?

On saura bien ce que le plus gros tas ne veut pas, mais on ne saura pas ce qu'il veut.

Et naturellement, il faudra toujours en arriver à le lui demander.

Sous quelle forme lui demandera-t-on?

Voilà le chiendent!...

Je sais bien que toi, citoyen Cassagnac, cela ne t'embarrassera pas un seul instant.

Le lendemain du vote, tu diras avec l'aplomb qui te caractérise :

— Il y a six millions de Français qui ne veulent pas la République, donc... ils veulent l'Empire.

Mais comme ce calcul fantaisiste ne sera probablement pas

admis, citoyen Cassagnac, il faudra que ces six millions de contribuables qui préfèrent la monarchie disent laquelle.

Alors il y a gros à parier qu'ils ne voudront pas tous la même, ce qui deviendra de nouveau très-embarrassant.

Je t'accorde, si tu veux — et je crois que je suis généreux jusqu'à la prodigalité, — que sur ces six millions la moitié demandent l'empire.

Cela ne fera jamais que trois millions contre quatre millions de républicains.

Tu comprends, et tu redoutes même si bien ce résultat, que tu ajoutes pour te garder à carreau :

« Les républicains savent en effet que les conservateurs, à « l'heure qu'il est, sont tellement divisés, qu'il leur sera difficile, « sinon impossible, de se coaliser contre l'ennemi commun : la « République. »

« Ils savent que la République, minorité parmi tous les par- « tis, deviendra peut-être, aux élections prochaines, par suite « des divisions monarchiques, le parti dominant. »

« De beaucoup le plus faible, comparé à l'ensemble monar- « chique, il paraîtra le plus fort dans beaucoup d'endroits et peut- « être dans l'universalité de la France. »

Sais-tu que tu n'es pas en retard, citoyen Cassagnac, pour prendre tes précautions contre le résultat des élections générales.

Nous sommes habitués à voir tous tes confrères, le lendemain d'un vote qui leur a été défavorable, retourner ce vote dans tous les sens et au moyen de chiffres plus ou moins fantaisistes, de combinaisons plus ou moins tortueuses, parvenir à présenter leur défaite honteuse comme une victoire éclatante.

Mais toi, tu prends les devants, et tu t'ingénies, six mois avant le scrutin, à expliquer à ton avantage la tripotée indigne que vont recevoir les bonapartistes.

C'est ton droit.

Seulement ton zèle t'oblige à tourner constamment dans un cercle vicieux.

Il ne s'agit pas aujourd'hui de savoir si la République a moins de partisans à ELLE TOUTE SEULE que tous les prétendants au trône ENSEMBLE.

Il s'agit de savoir si elle en a davantage que chacun d'eux pris isolément.

Je voudrais trouver une comparaison très-familière à l'aide de laquelle l'insanité de ton système serait clairement prouvée.

Pas pour toi!... oh! non... Tu sais très-bien que tu soutiens une mauvaise cause.

Tu t'es engrené ainsi, tu crois ne pouvoir plus faire autrement. Au fond, personne ne t'apprendra combien ce que tu soutiens est injuste et immoral.

Mais, cette comparaison, je voudrais la trouver pour ceux que tu cherches à enfoncer.

Je vais essayer :

Nous sommes sept qui voulons passer notre soirée ensemble, mais ne savons à quoi l'employer.

Il y en a trois qui voudraient jouer au billard.

Deux qui voudraient aller au Vaudeville.

Un qui désirerait se promener.

Et le dernier qui préfèrerait une partie de dominos.

On décide que l'on ira aux voix.

Très-bien.

Mais un malin, un des deux qui veulent aller au Vaudeville, prend la parole et pose ainsi la question :

— Que ceux qui veulent jouer au billard lèvent la main!...

Trois mains se lèvent.

Alors le malin reprend :

— Trois voix sur sept!... c'est la minorité... Le billard est écarté.

— Maintenant, dit-il, je mets aux voix le *Vaudeville*, la promenade au bois, et le domino.

Une main se lève pour la promenade.

Une autre pour le domino.

Et deux pour le Vaudeville.

Après quoi le malin dit :

— Le Vaudeville ayant la majorité, nous allons tous au Vaudeville.

Ai-je réussi à être clair, citoyen Cassagnac ? Je le désire.

Voilà un bonhomme qui, en posant son plébiscite à sa façon, a trouvé le moyen que deux *vaudevillomames* triomphent de cinq *vaudevillophobes*, dont trois aimeraient mieux le billard.

C'est vert !...

Eh bien, citoyen Cassagnac, c'est tout à fait ce que tu nous proposes, avec ton appel au peuple bizeauté.

Du reste, c'est une justice à te rendre ; tu ne t'en caches pas beaucoup.

Et quand tu dis :

« Écartons d'abord l'ennemi commun, qui est la République. »

C'est absolument la même chose que mon bonhomme au Vaudeville, disant :

Écartons d'abord l'ennemi commun, qui est le groupe des amateurs de billard.

C'est là un truc assez habile ; mais seulement à la condition qu'il soit enlevé par surprise et que les gens sur le dos de qui on veut l'essayer, n'aient pas le temps de s'apercevoir qu'on leur monte un coup horrible.

J'espère, citoyen Cassagnac, qu'il n'y a pas cela à craindre dans le cas qui nous occupe.

Pense donc !... d'ici aux élections générales, nous avons encore six mois au moins devant nous.

Ce serait bien le diable si, en six mois, on n'arrivait pas à faire comprendre à la France qu'elle ne peut pas s'exposer, en se laissant questionner de travers, à répondre justement le contraire de ce qu'elle voudrait dire.

Si tu tiens absolument au plébiscite, citoyen Cassagnac, voilà la dernière concession que je puis te faire.

Chaque citoyen écrira sur un bout de papier le nom du gouvernement ou du roi qu'il désire.

On comptera, et celui qui aura le plus de suffrages l'emportera naturellement.

Si c'est Woolwich XXXVII, eh bien, tant mieux pour toi. Nous l'accepterons.

Ça te va-t-il, citoyen ?

Non... ça ne te va pas... je vois ça à ta grimace.

Ce que tu veux, c'est l'appel au peuple suivant la formule impériale, le plébiscite pur.

Ce que tu veux, ce que les bonapartistes veulent, c'est pouvoir dire à la France :

— Il n'y a qu'un plat... duquel voulez-vous manger ?

De façon à ce que la France réponde forcément :

— De celui-là !...

Nous ne pouvons nous entendre, citoyen Cassagnac.

La France veut voir la carte et choisir.

Et comme, grâce à la quantité de prétendants, le menu est varié, au moins, elle pourra cette fois prendre quelque chose à son goût.

Salut et fraternité.

GERVAIS MARTIAL,

Ouvrier.

LES 50

Lettres Républicaines

DE GERVAIS MARTIAL
OUVRIER

RECUEILLIES PAR TOUCHATOUT

XXII

GERVAIS MARTIAL AU CITOYEN RENAULT, PRÉFET DE POLICE

Où Gervais Martial dit au citoyen préfet de police ce qu'il pense de la façon dont certains de ses agents coupent la queue d'enterrement civil avec autant d'entrain que si c'était une armée ennemie.

CHEZ TOUS LES LIBRAIRES

1875

Citoyen Préfet,

J'apprends avec peine qu'à l'enterrement civil du citoyen Massol, conseiller municipal, quelques-uns de tes agents, dans un excès de zèle regrettable, ont usé de procédés un peu... deux-décembristes, à l'égard des personnes qui composaient le cortége.

Je ne te fais pas l'injure, citoyen Préfet, de croire que c'est par ton ordre que ces honorables fonctionnaires se sont livrés aux délices de ce petit *revenez-y* impérial.

Cependant, je ne puis m'en prendre qu'à toi des conséquences fâcheuses de ce petit scandale.

Ils auront sans doute voulu protester, ces braves gens, contre le citoyen Gambetta, qui, dans son récent discours à Belleville, a déclaré ne pas vouloir « *couper sa queue*. »

Et ils se seront dit :

— Eh bien ! nous..., nous couperons celle des enterrements civils.

Alors, ils ont profité de la première cérémonie de ce genre qui leur tombait sous la main, et, se précipitant sur cette queue, ils l'ont, paraît-il, débitée en tronçons, comme une anguille dont on veut faire une matelotte.

Le plus fâcheux de l'affaire, c'est que l'on parle de quelques citoyens qui auraient reçu de rudes bourrades.

Une semblable chose est d'autant moins explicable, citoyen Préfet, que, tout récemment, plusieurs enterrements civils d'hommes illustres avaient eu lieu sans donner lieu à aucun désordre.

Il n'y avait donc pas sujet de prendre de telles mesures.

Ce serait à faire croire vraiment que le calme des libres penseurs est ce qui taquine le plus les penseurs qui font penser les autres pour eux.

Je n'ai pas besoin de rappeler, citoyen Préfet, qu'un de tes confrères, le citoyen Ducros, du Rhône, s'est rendu naguère tristement fameux en pareille circonstance.

C'est lui, si j'ai bonne mémoire, qui prescrivit de couper la queue des enterrements civils à partir du cinquantième assistant.

Il avait décidé, cet illustre fonctionnaire, qu'un libre penseur ne pourrait avoir cinquante ET UN parents ou amis désireux de l'accompagner à sa dernière demeure.

Grâce à ce procédé, ton confrère Ducros fit beaucoup parler de lui, c'est vrai.

Mais je ne suppose pas, citoyen Préfet, que tu jalouses cette popularité.

Tu as mieux que cela à ton service, ne serait-ce que ta déposition récente dans l'affaire des bonapartistes.

Je suis donc persuadé, citoyen Préfet, que non-seulement pareille chose ne se renouvellera pas, mais encore que tu feras venir dans ton bureau les braves gard..., c'est-à-dire troubleurs de la paix, qui ont causé ce vilain tapage, et que tu leur diras tout doucement qu'ils fassent attention, une autre fois, de ne pas régler leur service sur des montres qui retardent de vingt-quatre ans.

Salut et fraternité.

GERVAIS MARTIAL,

Ouvrier.

XXIII

GERVAIS MARTIAL AU CITOYEN DUFAURE

Où Gervais Martial prévient charitablement le citoyen ministre, qu'il va passer pour un affreux communard s'il fait un projet de loi sur la presse qui ne ressemble pas assez à un chevalet d'inquisition.

Citoyen Ministre,

Cette fois, il paraît que c'est sérieux : la loi sur la presse est décidément sur le chantier.

Déjà, dans une précédente lettre que je t'ai adressée, je t'ai parlé à cœur ouvert de ce grave sujet.

Une circonstance me force d'y revenir.

Je lis dans un journal, un de ces journaux qui se contentent de peu, à ce qu'il paraît — cette phrase qui me semble assez stupide :

« Il paraît que la commission chargée d'étudier la nouvelle « loi sur la presse, est empreinte d'un esprit assez libéral, car « on dit que l'autorisation préalable ne serait pas rétablie. »

Tu vois où nous en sommes, citoyen ministre.

Nous avons, grâce aux gouvernements d'ordre moral et de combat qui se sont succédé, l'estomac tellement déshabitué de la liberté, qu'il se trouve des gens qui crient au prodige de libéralisme parce qu'un ministre se prépare à ne pas exiger qu'un citoyen qui veut fonder un journal ait une figure qui lui convienne.

En d'autres temps — et même en d'autres pays que le nôtre, car ce n'est pas la peine d'être chauvin, nous sommes, en fait de dignité civique, en retard sur toute l'Europe, il vaut mieux en convenir humblement ;

En d'autres pays que le nôtre, disais-je, citoyen Dufaure, s'il était question de faire une nouvelle loi sur la presse et que l'on se permît de mettre en question le rétablissement de l'autorisation préalable, cet état de siége légalisé, tout le monde crierait à l'invraisemblance, sinon au scandale.

Ici... pas du tout.

On dit d'un ministre qui veut conserver en tête d'une loi le droit le plus sacré, celui d'exprimer sa pensée :

Hein!... en voilà un gaillard qui va de l'avant!...

Comme si l'on parlait d'un hardi novateur osant proposer un système de locomotion aérienne.

Ah!... nous sommes à une époque où l'on est radical à peu de frais, citoyen Dufaure!...

Prends garde!... si tu ne proposes que 175,000 francs d'amende pour les plus minces délits de presse, on te fera passer pour un pétroleur.

Salut et fraternité. GERVAIS MARTIAL,
Ouvrier.

XXIV

GERVAIS MARTIAL AU CITOYEN MINISTRE DES FINANCES

Comme quoi Gervais Martial s'étonne que les gens qui ont pensé à imposer les assurances sur la vie n'aient pas songé à frapper d'une taxe les boutons de petite vérole.

Citoyen ministre,

Ce ne peut être qu'une plaisanterie, n'est-ce pas, citoyen ministre ?

On te prête dans les feuilles publiques l'intention de persister à vouloir équilibrer le prochain budget à l'aide de plusieurs taxes plus ou moins amusantes et au nombre desquelles figure un impôt spécial d'un pour cent sur les *assurances sur la vie.*

Quand j'ai lu cela, citoyen ministre, j'ai ri comme un bossu; mais je n'y ai pas cru.

Et je me suis dit :

— C'est sans doute un article du *Tintamarre* que l'on aura démarqué ; car il n'est pas possible qu'un homme de bon sens songe à imposer les économies que fait un père de famille pour assurer le pain de ses enfants, s'il meurt.

A ce compte-là, il n'y aurait pas de raison pour ne pas imposer par la même occasion :

Les aumônes qui se sont faites au coin des rues.

Et les listes de souscriptions pour le soulagement des misères publiques ou privées.

Comme l'a fort bien dit un journal républicain, un pareil impôt mériterait d'être baptisé : *l'impôt sur les privations.*

C'est le vrai mot.

Et le mot suffit à condamner la chose honteusement.

Voyons, citoyen ministre, toi à qui l'on prête un semblable projet, connais-tu rien au monde de plus dérisoire et de plus cruel à la fois que cette façon de dire à un pauvre bougre de travailleur :

— Tu avais besoin d'un paletot neuf cet été; mais comme c'est l'époque du paiement de la prime d'assurances sur la vie que tu as contractée au profit de ta femme et de tes trois petits enfants, tu as pris les quarante-cinq francs qui étaient en réserve dans ta commode, et tu les as portés à la compagnie en te disant : Bah ! mon paletot ira comme ça jusqu'à l'automne en le raccommodant; mais au moins, si j'ai la tête prise dans un engrenage de l'usine, la femme et les petits auront de quoi manger. Or, mon ami, tu es un brave et honnête garçon; mais tu vas payer une taxe sur ces quarante-cinq francs-là !...

Je n'insiste pas, citoyen ministre; cet impôt, tu le vois, n'aurait d'autre mérite que de légitimer celui sur les amputations ou sur les jambes de bois.

Si c'est cela que tu veux, citoyen ministre...

Salut et fraternité. GERVAIS MARTIAL,
ouvrier.

XXV

GERVAIS MARTIAL AU CITOYEN LADMIRAULT

Gouverneur de Paris

Où Gervais Martial essaie de prouver au citoyen gouverneur que l'interdiction du drame de CROMWELL joué une seule fois, fait un singulier contraste avec RABAGAS représenté plus de cent cinquante fois, et presque par autorité de justice.

Citoyen Gouverneur.

Tu viens d'interdire un drame a ta seconde représentation : Je puis me permettre de t'en parler ; j'étais à la première de Cromwell.

Tu as dû être mal renseigné, citoyen gouverneur. Des gens malintentionnés t'ont sans doute grossi le tapage qui s'était fait pendant l'un des entr'actes de cette pièce.

Sans cela, tu n'aurais pas pris une mesure si sévère et, j'ose le dire, si disproportionnée avec le mince délit que l'on reproche à l'un des acteurs.

La belle affaire, citoyen Gouverneur, quand le comédien chargé du rôle de Cromwell aurait dit : « *les misérables royalistes,* » au lieu de « *ces misérables* » tout court.

D'abord, c'est peut-être pousser bien loin le désir de s'amuser avec l'état de siége que d'en faire jouer le terrible ressort pour un mot qui, en somme, on peut bien l'admettre, a pu échapper à l'acteur dans une tirade qui nécessitait un certain emportement.

Et puis voyons, citoyen Gouverneur, ne te semble-t-il pas un peu puéril de s'offusquer que Cromwell parle des royalistes anglais avec une certaine mauvaise humeur.

On ne pouvait pourtant pas, pour faire plaisir au comte de Chambord, représenter Cromwell faisant une prière pour la restauration de Charles II.

Suppose un instant, citoyen Gouverneur, que, dans deux cents ans, un auteur dramatique compose une pièce dans laquelle il te fasse paraître.

Qu'est-ce que tu dirais du haut du ciel — où tu seras nécessairement, — si cet auteur dramatique te faisait tenir devant quatre mille spectateurs le langage suivant :

« O état de siége!... puissance illégitime et infernale!... toi « à qui je dois les cinq plus cruelles années de ma vie!... je te « maudis!... »

Il est bien évident que tes héritiers seraient en droit de réclamer pour ta mémoire.

Eh bien, les héritiers de Cromwel, s'il lui en reste, eussent été absolument dans la même situation, si M. Séjour eût fait dire à leur aïeul, au théâtre du Châtelet, que Charles Ier était le bienfaiteur de l'Angleterre.

J'espère, citoyen Gouverneur, que tu ne maintiendras pas l'interdiction d'un drame où Cromwell parle son langage, comme naguère, au Vaudeville, *Rabagas* parlait le sien.

Salut et fraternité.

GERVAIS MARTIAL,

Ouvrier.

LES 50 Lettres Républicaines

DE GERVAIS MARTIAL

OUVRIER

RECUEILLIES PAR TOUCHATOUT

XXVI

GERVAIS MARTIAL AU CITOYEN DE PÈNE

Rédacteur en chef de PARIS-JOURNAL

Où Gervais Martial essaie de rassurer les bêtas qui n'osent pas s'avouer républicains par ce qu'ils craignent que cela les fassent mal noter auprès de l'Empereur de Russie, de la reine d'Angleterre, de l'Empereur d'Autriche et même... du roi d'Araucanie!...

CHEZ TOUS LES LIBRAIRES

1875

LIVRAISON 20.

Citoyen de Pène,

Voilà la seconde *Lettre républicaine* que j'ai occasion de t'adresser, citoyen.

Mais c'est ta faute, et non la mienne.

Tu viens de ressusciter dans ton journal un cliché tellement absurde, — et malgré cela tellement dangereux, parce qu'il est facile à répéter — qu'il m'est impossible de le laisser passer.

Reprenant, pour les besoins de ta cause, citoyen, le vieil argument des « *alliances impossibles sous la République,* » tu essaies, comme cela a été déjà tenté plus de cent fois, de faire pencher les indécis vers la forme monarchique en leur présentant la République sous l'aspect d'un affreux chien galeux, duquel toute l'Europe s'éloignera avec dégoût et auquel même elle jettera toutes les pierres possibles.

Ce procédé n'est pas neuf; mais il n'en est pas moins perfide.

On l'a expérimenté dernièrement encore dans les feuilles du genre de la tienne à propos du procès d'Arnim.

A cette époque, ton confrère avait déniché dans je ne sais quels papiers diplomatiques, datés de 1871, une pièce dans laquelle le Bismarck aurait dit que la forme de gouvernement français la plus enviable... pour l'Allemagne, était la forme républicaine.

Tu te souviens, citoyen de Pène, avec quelle joie les journaux de l'ordre moral ont sauté sur cette phrase.

Le thème, en effet, était facile à développer.

— Voyez!... s'écriaient-ils, nous ne le lui faisons pas dire à M. de Bismarck!... il désire que nous soyons en République!... la République est ce qui rassure le plus l'Allemagne!... Une forme de gouvernement a-t-elle jamais été condamnée plus cruellement!... Du moment où nos ennemis désirent nous voir en République, tout bon patriote n'a plus qu'une chose à faire : voter de toutes ses forces pour le rétablissement de la monarchie... etc., etc.

Toi, citoyen de Pène, tu t'es contenté, à trois ou quatre mois de distance, de démarquer légèrement la prose de tes confrères.

Car voici ce que je cueille dans ton journal et sous ta signature :

« On ne saurait contester toutefois que plus la République « française sera républicaine, moins elle saura inspirer de con- « fiance aux monarchies de l'Europe qui auraient pu fournir des « alliances à une monarchie française, mais que l'instabilité « républicaine détourne invariablement de nous, et plus elle « fournira de prétextes à la persévérante hostilité allemande. »

Tu vois, citoyen de Pène, que c'est absolument la même chose au fond.

Comme je te le disais tout à l'heure, ce cliché, qui a quelques apparences de logique à première vue, est trop dangereux pour que nous ne travaillions pas à le démolir.

En effet, qui n'a pas entendu dire au moins six cents fois, depuis quatre ans, par le citoyen Lentripé :

— La République serait une très-bonne chose; mais elle est impossible tant que les nations voisines sont en monarchie.

Quand le citoyen Lentripé a posé cet axiome, qui lui vient de toi, et qu'il répète comme s'il venait de lui, il le développe fièrement.

Écoute-le :

— Oui!... essayez donc de fonder une République au milieu de quinze monarchies, vous verrez comment vous serez reçus... vous ne trouverez ni sympathie, ni argent, ni crédit, ni alliances. Vous imaginez-vous, par hasard, que les têtes couronnées qui vous entourent donneront jamais l'accolade à M. Gambetta! Allons donc!... Tant que vous serez en République, ne comptez sur personne. On s'éloignera de vous, on vous montrera au doigt dans les cours étrangères, comme des provinciaux montrent au doigt le « *monsieur qui n'est pas marié à l'église* ». Et toutes les puissances monarchiques s'entendront pour ne pas vous faire de bien, jusqu'au jour où elles pourront s'entendre pour vous faire du mal.

A une distance de quelques kilomètres, citoyen de Pène, ce boniment que tu as donné à M. Lentripé, et qu'il répète sans le comprendre, peut faire quelque effet.

Mais il ne faut pas s'en approcher, l'illusion s'évanouit.

Approchons-nous-en donc, et que cette lourde gruerie se dissipe.

Je réponds au citoyen Lentripé, ou plutôt à toi, citoyen de Pène.

— Est-ce donc une raison si la France avance d'un siècle ou deux sur le reste de l'Europe, pour qu'elle marque le pas en attendant que l'Europe la rattrape, ou même qu'elle retourne en arrière après avoir fait une fois le chemin, et ce pour faire plaisir aux culs de plomb qui n'ont pu la suivre ?

Si la République française a la douleur d'être obligée de se passer de la sympathie des monarques, qui sont un demi-quarteron en tout, elle tâchera de se rattraper sur celle de leurs sujets, qui sont deux cents millions au moins.

Et si la République française, citoyen de Pène, ne parvient pas à gagner l'amitié des trônes d'alentour, elle le regrettera du fond du cœur, mais elle parviendra facilement, je le crois, à leur inspirer une de ces frayeurs à la suite desquelles ces sortes de meubles ont généralement l'habitude de s'effondrer dans les soixante-douze heures.

Salut et fraternité.

GERVAIS MARTIAL,

Ouvrier.

XXVII

GERVAIS MARTIAL AU CITOYEN GAMBETTA

Comme quoi Gervais Martial félicite vivement le citoyen Gambetta d'avoir défendu qu'on touche à « SA QUEUE », et déclaré qu'il ne la couperait pas.

Citoyen Gambetta,

Je te le dis rudement, citoyen, j'aime mieux ton discours de Belleville que celui qui l'avait précédé sur la tombe du citoyen Quinet.

Dans celui-ci, tu avais eu cette phrase malheureuse de « *l'alliance de la bourgeoisie et du prolétariat.* »

A ce propos, je t'ai dit ce que j'avais sur le cœur dans une précédente lettre.

Mais, dans l'autre, tu t'es relevé en refusant de « *couper ta queue.* »

A la bonne heure, voilà qui est parler. Et je suis bien content que d'un seul mot tu aies fait justice de cette imbécillité si en honneur chez les réactionnaires, et qui consiste à toujours parler au parti républicain de « *sa queue.* »

Est-ce assez bête, dis...

Qu'est-ce que c'est que ça la queue d'un parti ?

Où commence-t-elle pour eux la queue du parti républicain ?

Si on leur donnait un grand couteau, avec la faculté de couper cette queue eux-mêmes, ils ne seraient même pas capables de s'entendre entre eux sur l'endroit où ils devraient couper cette queue.

Je suis sûr qu'avant deux minutes ils se disputeraient comme de vrais chiffonniers.

— Donnez-moi le couteau, dirait l'un : je connais juste l'endroit où la queue commence ; je vais vous enlever ça net !...

Et il se mettrait en devoir de couper un peu au-dessus de Pilotell.

Tout à coup un autre pousserait un cri de détresse.

— Y pensez-vous ?... vocifèrerait-il... Mais ce n'est pas là du tout la queue !... c'est plus haut !... Passez-moi le couteau que je coupe ça moi-même.

Et il se préparerait à couper à la hauteur du citoyen Lockroy.

Alors un troisième s'écrierait :

— Malheureux !... qu'allez-vous faire ?... Mais insensés !... vous n'avez pas la moindre idée de ce que c'est qu'une queue !... Vous n'en enlevez pas seulement la moitié de cette queue !... Prêtez-moi le couteau !... Je vais vous montrer où ça est...

Et il poserait la lame au niveau du citoyen Laboulaye.

C'est à ce moment qu'un quatrième — qui pourrait au besoin être le citoyen Changarnier — pousserait un juron formidable en s'écriant :

— Sacré mille noms d'une mâchoire en corne de rhinocéros !... qu'est-ce que vous me fichez-là ?... Comment ! vous avez une queue à couper et vous en laissez les trois quarts !... Mais ce n'est pas au citoyen Laboulaye que cette queue prend naissance !... pas même au citoyen Dufaure !... pas même au citoyen Thiers !... C'est là, là... tenez... là... où je vous montre... Passez-moi le couperet... je vais vous enlever ça... nom d'un corset mécanique!...

Et le citoyen Changarnier couperait la queue du parti républicain, *ric à rac,* deux pouces de...

De qui?...

Du citoyen Wallon!...

Tu vois d'ici, citoyen Gambetta, ce qui resterait de tête au parti républicain, si on lui enlevait tout ce que les ordremoraliens considèrent comme sa queue.

Tu as bien fait de défendre ta queue.

Je sais bien que les plus modérés entendent par « *notre queue* » tout ce ramassis de gueulards, de fainéants, d'ivrognes, etc..., etc..., qui ne sont bons à rien qu'à provoquer du désordre pour en vivre.

Mais ils se trompent absolument. Ce n'est pas notre queue ça... ce n'est la queue de personne.

A ce compte-là, si l'on se met à nous attacher à la queue, malgré nous, tout ce que les bagnes ont avalé et revomi de filous, de faussaires, d'assassins et de banqueroutiers, nous pouvons aussi nous offrir le plaisir de constituer des queues de fantaisie à nos ennemis.

En partant de ce principe, que les vulgaires escrocs peuvent être désignés comme formant la queue d'un parti honorable, quel parti n'a pas sa « queue ? »

Et sans vouloir pousser à fond l'examen, est-ce que tous ces filous, tous ces repris de justice, tous ces chevaliers d'industrie, tous ces grecs, tous ces souteneurs de filles qui ont aidé à fonder l'empire, l'ont étayé pendant dix-huit ans, et voudraient le faire revivre aujourd'hui pour se gaver comme par le passé, ne sont pas aussi la queue du bonapartisme.

Tu as eu raison de le dire, citoyen Gambetta, c'est enfantin. Gardons nos queues, défendons nos queuse, nos vraies queues, celles qui font partie de notre corps, et lui rendent même de gros services à l'occasion.

Mais ne nous laissons pas attacher aux reins, par nos adversaires, des queues postiches qu'ils y appliquent sournoisement pour ridiculiser et calomnier la tête qui leur fait peur.

Salut et fraternité.

GERVAIS MARTIAL,

ouvrier.

LES 50 Lettres Républicaines

DE GERVAIS MARTIAL

OUVRIER

RECUEILLIES PAR TOUCHATOUT

XXVIII

GERVAIS MARTIAL AU CITOYEN MARCOU

Où Gervais Martial exprime au citoyen Marcou sa satisfaction de le voir regarder de travers l'attitude des outranciers de la transaction qui font prêter les principes comme de vulgaires morceaux de caoutchouc.

CHEZ TOUS LES LIBRAIRES

1875

Citoyen Marcou,

Je viens de lire de toi, dans ton journal l'*Égalité*, plusieurs articles relatifs aux soi-disant « *habiletés* » du parti républicain.

Ces articles, citoyen Marcou, m'ont très-vivement impressionné.

Tu dis là des vérités excessivement dures, c'est vrai, pour les finassiers qui prétendent nous mener à la République par des chemins de traverse où les républicains devraient rougir de passer.

Mais ces vérités n'en sont pas moins bonnes à dire et à entendre, surtout dans un moment où certains habiles croient faire un travail superbe en poussant les concessions jusqu'au point où a depuis longtemps commencé la défaillance.

Tu entreprends particulièrement le citoyen Gambetta à propos de sa récente évolution conservatrice et de son apologie enthousiaste d'un Sénat, encore à naître, et qu'il se complaît à représenter d'avance comme le fondateur le plus solide des institutions républicaines.

Je suis heureux, citoyen Marcou, moi un simple et obscur travailleur, de m'être trouvé d'accord avec toi au sujet de la contenance du citoyen Gambetta, qui me paraît affecter de s'atténuer énormément, peut-être pour se donner plus vite l'air vieux que l'on exige des hommes politiques avant de les prendre au sérieux.

J'ai déjà été choqué de cette attitude de l'homme en qui le parti républicain avait placé toute sa confiance, et je ne me suis naturellement pas gêné pour le dire au citoyen Gambetta lui-même, le lendemain du jour où il a enfanté sa navrante prophétie de « *l'alliance de la bourgeoisie et du prolétariat.* »

Aujourd'hui, c'est avec une vive joie, citoyen Marcou, que je te vois rappeler au respect des principes les « *finauds* » de la politique républicaine.

« *Finauds* » est un mot qui sonne mal aux oreilles des fidèles d'une opinion qui repose avant tout sur la droiture et l'honnêteté.

Et je crois, contrairement à ce que paraissent croire en ce moment les *outranciers de la concession*, que le parti républicain ne peut que se diminuer aux yeux de ses ennemis, et même à ses propres yeux, en abusant des petits procédés de la petite politique dont il devrait laisser le monopole à ses adversaires.

Je ne suis pas, citoyen Marcou, comme tu le penses bien, ennemi des concessions. Il faut que tous les honnêtes gens s'en fassent; ceux-ci venant au-devant de ceux-là, qui eux-mêmes font loyalement, de leur côté, la moitié du chemin.

C'est ainsi que l'on parvient à s'entendre, à triompher des résistances et des malentendus, et à se réunir enfin sur le terrain commun à tous les hommes de bonne foi, qui est celui du progrès.

Mais lorsque, sous prétexte d'adresse, on pousse les concessions jusqu'au reniement des principes, on tue le parti que l'on prétend servir.

C'est pourquoi, citoyen Marcou, il m'est impossible, comme à toi, de m'enthousiasmer pour ces compromis sans fin auxquels les chefs du parti républicain nous font assister depuis longtemps.

Je ne crois pas à l'efficacité des alliances entre gens dont l'ennemi peut être commun, mais dont le but est complétement différent.

Salut et fraternité.

GERVAIS MARTIAL,

Ouvrier.

XXIX

GERVAIS MARTIAL AU CITOYEN DRACK

Auteur de CROMWEL

Où Gervais Martial reproche sévèrement au citoyen Drack d'avoir consenti à laisser châtrer un enfant dont il n'est pas seul le père.

Citoyen Drack,

J'apprends que l'interdiction qui frappait le drame, dont tu es l'auteur en collaboration avec le citoyen Victor Séjour, a été enfin levée, et que cette pièce se joue maintenant tous les soirs au théâtre du Châtelet.

Mais j'apprends, en même temps, que tu n'as obtenu cette autorisation qu'au prix de nouvelles mutilations de ton œuvre par la censure.

Il paraît que, non content d'avoir infligé au théâtre, pour un mot échappé à l'un des artistes, douze relâches ruineux, le gouvernement a profité de cette occasion pour exiger la suppression de certains passages qui n'avaient causé aucun tumulte.

Ainsi, Cromwell, frappant le banc de bois avec sa hache à la fin du premier acte, ne doit plus répondre à ceux qui lui demandent ce qu'il fait là :

— Je m'essaie !...

Mais bien :

— Je fends du bois.

De même, on ne dit plus, en parlant de Cromwell qui vient de refuser le sceptre :

— Son épée lui suffit pour défendre la République !...

Et, enfin, toute la tirade où Cromwell s'indigne contre les royalistes qui lui ont laissé remettre l'Angleterre sur pied et veulent la lui reprendre une fois qu'elle est redevenue florissante, a été entièrement supprimée.

De ces nouvelles mutilations, citoyen Maurice Drack, je n'ai rien à dire.

Dans une précédente lettre, adressée au citoyen gouverneur de Paris, j'ai dit ce que je pensais à ce sujet.

La censure étant omnipotente et pouvant étouffer œuvres et écrivains sans avoir de comptes à rendre à personne, il serait naïf de s'étonner qu'elle se soit déjugée elle-même en coupant aujourd'hui des passages qu'elle avait autorisés hier, même quand ces passages n'ont en rien troublé la paix publique.

Mais où il y a à reprendre, citoyen Drack, c'est dans la complaisance avec laquelle tu as, toi l'auteur, — que dis-je ? — toi, l'un des auteurs, — ce qui est bien plus grave, — accepté des amputations qui détruisent une œuvre qui, en somme, n'est pas à toi seul.

J'ai vu ton *Cromwell*, citoyen Drack. La pièce n'est certainement pas bonne. Pendant toute la première partie, elle se traîne, sans intérêt, sans action, dans des longueurs interminables.

La seule partie qui ait quelque valeur est sans contredit la dernière.

Il y a là de belles situations et des choses remuantes, dites avec vigueur.

Ce sont ces choses que l'on te biffe d'un coup de crayon rouge.

On te les biffe, cela se conçoit : elles sont bonnes.

Mais tu les laisses biffer, cela ne se conçoit plus, elles sont toute ton œuvre.

En cette douloureuse circonstance, je suis fâché de te le dire, citoyen Drack, tu as manqué à tous tes devoirs.
J'essaie de te le prouver.

D'abord tu as manqué à la dignité littéraire.
Comment!... voilà un drame que tu soumets une première fois à la censure. Elle t'impose des coupures, tu les discutes, tu les acceptes, en un mot, tu défends ton œuvre, et finalement un texte est arrêté, convenu entre Anastasie et toi.
C'est marché conclu.
Marché dont tu paies déjà tous les frais ; mais enfin! passons...

Un mot qui n'est pas dans le texte échappe à un de tes artistes.
Le théâtre et toi-même, vous payez d'une interdiction de douze jours un lapsus inoffensif en somme.

Après douze jours de relâche disciplinaire (mot déjà honteux pour les lettres et qui rappelle la schlague et le knout), on te rend ta pièce à la condition que tu supprimeras de nouveaux passages qui n'ont, eux, causé aucun désordre!...
Et toi... toi un homme de lettres... toi un homme de la pensée, tu acceptes ces étrivières et tu te prosternes presque devant la mauvaise vieille aux ciseaux en lui disant : merci!
Et tu reprends ton manuscrit!...
Et tu le re-découpes!...
Et tu le rapportes au théâtre!...
Et tu présides aux raccords qu'a rendus nécessaires cette manipulation!...
Allons donc, c'est honteux, citoyen Drack.

Dans ce cas là, l'artiste honnête et courageux prend son drame des mains du censeur, le met sous son bras, enfonce son chapeau sur sa tête et sort la tête haute.
Il ne sauve pas, c'est vrai, le tout petit coin de la caisse qu'il pouvait encore sauver en s'humiliant.
Mais il sauve sa dignité tout entière, puisqu'il fait respecter son œuvre.

Mais ce n'est pas tout, citoyen Drack, tu as encore manqué au respect de ton collaborateur, de ton collaborateur qui n'est plus là pour défendre son honneur littéraire, dont il t'avait en mourant laissé le seul gardien.

Vous aviez ensemble conçu une œuvre forte, une œuvre qui, en dépit de ses imperfections, contient de robustes enseignements puisqu'elle apprend aux ambitieux à rentrer en eux-mêmes, comme le fait Cromwell tenté un instant d'accepter la couronne.

Tous deux, le citoyen Séjour et toi, vous avez, pendant des mois, peut-être pendant des années, échangé vos idées, poursuivi le même rêve, visé le même but.

Séjour part.

Tu restes avec l'œuvre commune à achever, à mettre au jour.

Et quand l'on vient te proposer de châtier cette œuvre, de la rendre informe, ridicule, impuissante et sans portée,

Ta première pensée n'est pas d'étendre ta main au-dessus pour la protéger contre le viol, et de répondre :

— Pardon !... Je ne suis pas seul ?...

Citoyen Drack, ce que tu as fait là est mal.

Tu n'avais pas le droit de disposer d'un travail dont la plus grosse part peut-être, il est permis de le supposer, revenait à ton collaborateur.

Et vois à quel point même cela est maladroit.

Qu'espères-tu tirer de ce drame ainsi mutilé ?

Dix représentations, douze ?... quinze ?...

Mettons vingt. C'est beaucoup.

Et après ?...

C'est pour obtenir ce résultat bien mince, citoyen Drack, que tu plonges dans la joie du triomphe les feuilles de l'ordre moral et leur clientèle.

Ils en riront bien, va !...

Et il y aura de quoi, pense donc !...

Ils ont arraché le cœur de ton œuvre avant de te la rendre.

Et toi, tu leur donnes le doux spectacle de vouloir la faire vivre tout de même.

Ça les amuse énormément, eux qui savent qu'elle ne peut plus tenir debout dans l'état où ils l'ont mise.

Cela me rappelle, citoyen Drack, l'Empire laissant reprendre le *Chevalier de Maison Rouge* à la Porte Saint-Martin, en 1869, je crois.

Tout le monde disait :

— Comment, on autorise cette pièce dans laquelle il y a le fameux chœur : *Mourir pour la patrie !*... Décidément, l'Empire est bien libéral.

L'Empire n'était pas libéral du tout, citoyen Drack, il était malin comme un singe, tout simplement.

La censure impériale avait autorisé la pièce à condition que le fameux chœur serait chanté d'une certaine façon.

Effectivement, au dernier acte, les girondins, au nombre de huit, dont quatre ouvraient la bouche et ne chantaient pas, pendant que les quatre autres chantaient faux, *par ordre*, entonnèrent le fameux : *Mourir pour la patrie !*

Jamais on n'avait tant ri.

Les auteurs et le directeur qui avaient accepté ce compromis honteux avaient fait comme toi, citoyen Drack.

Ils avaient sauvé la caisse, mais ils avaient fait une mauvaise action.

Sans rancune.

Salut et fraternité.

GERVAIS MARTIAL,
ouvrier.

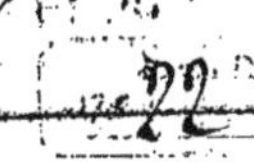

LES 50 Lettres Républicaines

DE GERVAIS MARTIAL

OUVRIER

RECUEILLIES PAR TOUCHATOUT

XXX

GERVAIS MARTIAL AU CITOYEN DUFAURE

A propos de la responsabilité de l'imprimeur en matière de délit de presse — laquelle responsabilité Gervais Martial trouve à peu près aussi logique que celle que l'on voudrait faire peser sur l'épicier chez qui se fournit une cuisinière qui aurait trop salé sa soupe.

CHEZ TOUS LES LIBRAIRES

1875

Citoyen Dufaure,

J'apprends qu'à propos de la loi qui se prépare sur la presse, la question de la responsabilité des imprimeurs de journaux vient d'être de nouveau soulevée.

De toutes les entraves apportées par l'Empire à la liberté de discussion, cette loi, qui rend l'imprimeur responsable de ce que disent les petits morceaux de plomb qu'il met à la disposition des écrivains, était bien la plus absurde et la plus perfide.

Je ne doute pas, citoyen Dufaure, que cette disposition révoltante ne disparaisse dans ton nouveau projet de loi.

On ne manquera pas de te soumettre à ce sujet un tas d'observations toutes meilleures les unes que les autres.

Et l'on n'aura pas, j'en suis sûr, beaucoup de peine à te convaincre, — si toutefois tu avais besoin de l'être, ce qui n'est guère probable, — qu'il serait tout aussi équitable de punir un imprimeur d'avoir imprimé un article séditieux qu'il serait légitime d'emprisonner le marchand qui a fourni le papier sur lequel cet article serait reproduit et le porteur du journal qui l'aurait distribué.

Avec ce système des responsabilités placées de travers, on irait loin, citoyen Dufaure ; tu l'as certainement compris.

On arriverait insensiblement à faire des rallonges aux cinq cents articles du code pénal pour édicter des peines sévères contre les complices involontaires de tous les crimes, délits ou contraventions.

Seraient tout naturellement rendus responsables des délits de presse dans une proportion donnée :

Les compositeurs typographes, les conducteurs de machines, les marchands d'encre d'imprimerie, les colleurs de papier, les plieuses, les faiseurs de bandes, les comptables et les garçons de bureau de l'imprimerie, le prote, sa femme, ses enfants et sa grand'mère, le concierge du journal, etc., etc.

Et dans un autre ordre d'idées :

Le coutelier ayant vendu le couteau avec lequel un homme aurait assassiné sa belle-mère ;

Le fournisseur de collodion d'un prétendu photographe spirite;
Le professeur d'écriture d'un homme qui serait devenu faussaire;
Le propriétaire de la maison où une fille-mère aurait jeté son enfant dans les cabinets d'aisance;
Enfin, le marchand qui aurait vendu un paillasson secoué par la fenêtre après les heures réglementaires.

Il est plus qu'évident, citoyen Dufaure, que ton intention n'est pas d'en arriver là.
L'Empire avait imaginé ce système et exploitait l'effroi dans lequel une semblable disposition de la loi plongeait les imprimeurs.

Comme ceux-ci ne pouvaient, même en ne prenant le temps ni de manger ni de dormir, lire d'un bout à l'autre les cinq cents colonnes de texte qui s'imprimaient chaque jour chez eux, ils n'acceptaient que les journaux de tout repos qui ne pouvaient pas les compromettre et recevaient les journalistes dangereux comme des chiens enragés dans un bal de noce.

Mais aujourd'hui que, voulant entendre tous les sons, nous désirons ne faire taire aucune cloche, je compte, citoyen Dufaure, que la responsabilité de l'imprimeur ne va pas tarder à aller rejoindre, au bric-à-brac de la politique, l'autorisation préalable, la censure et autres objets absolument démodés.

Salut et fraternité.

GERVAIS-MARTIAL,

Ouvrier.

XXXI

GERVAIS MARTIAL AU CITOYEN LADMIRAULT

Où Gervais Martial voit avec chagrin l'état de siége acquérir une nouvelle vigueur sur le déclin de son existence, et reproche doucement au citoyen Ladmirault d'encourager les verdeurs de cet agonisant.

—

Citoyen Gouverneur,

Pardonne-moi si je t'écris aussi souvent; mais ne t'impatiente pas trop. Je n'ai plus longtemps à correspondre avec toi, puisqu'il paraît que l'état de siége va être prochainement levé.

La levée de l'état de siége va te rendre tout entier à ta gloire militaire, et tu n'auras plus à être importuné par mes réclamations.

Tu n'en seras pas fâché, j'en suis sûr; car passer sa vie à suspendre des journaux et à interdire des drames ne doit pas être amusant pour un illustre soldat que son pays pourrait mieux employer.

Enfin!...

J'ai donc aujourd'hui à te parler d'un de tes derniers arrêtés.

Je dis « derniers », citoyen Gouverneur, prends le mot dans l'acceptation que tu voudras; moi je le prends dans la bonne.

Tu viens d'interdire brusquement les conférences du citoyen Flammarion, astronome.

Je ne viens pas prétendre, citoyen Gouverneur, que tu n'as pas eu raison.

Le dangereux de l'affaire, c'est que tu pourrais avoir eu tort, et que ce serait absolument la même chose, puisque ta décision est sans appel et sans contrôle.

Je remarque que ton arrêté d'interdiction ne contient aucun motif.

En cela, je t'approuve de toutes mes forces.

Rien ne m'a jamais paru plus ridicule que l'état de siége, qui ne doit de comptes à personne, prenant la peine d'aligner des *considérant*... des *attendu que*... etc., etc.

L'état de siége n'admettant aucune discussion, aucune défense du condamné, pardon !... de l'écrasé, il serait bien bon de s'amuser à donner des raisons.

Il dit tout simplement :

— Ceci ne sera plus.

Et ceci n'est plus.

Cependant j'ai tenu à me renseigner autant que possible à propos des conférences du citoyen Flammarion, et j'ai tâché de découvrir ce qui avait pu te choquer dans les enseignements de ce savant.

Le citoyen Flammarion ne s'occupe, dit-on, que des étoiles. Qui donc a-t-il pu atteindre ?

Toi... citoyen gouverneur ?...

Le citoyen Mac-Mahon ?

Le citoyen Lorgeril ?

Oh ! non... c'est impossible.

Je crois que l'on aura dénaturé les paroles de ce conférencier, que la marche des astres n'a pu conduire, j'en suis sûr, à être désagréable pour aucun des grands de la terre... de France.

En tous cas, et en admettant qu'un mot lui soit échappé en dehors de son sujet, qu'il ait, sans le vouloir, rapetissé le citoyen Buffet en lui opposant Jupiter, ou vexé l'ex-impératrice en parlant de Vénus ;

Conviens, citoyen Ladmirault, que la peine dont tu le frappes est dure.

D'autant plus dure que les moyens de se défendre de l'avoir encourue lui sont refusés.

Pour le peu de temps que l'état de siége a encore à durer,

selon toute apparence, citoyen Gouverneur, il semblerait que tu dusses prendre à tâche de le faire regretter, en le rendant chaque jour meilleur enfant.

Eh bien !... pas du tout !... Tu sembles te complaire à nous le représenter comme une vieille coquette se rattrapant aux branches de tous les lustres qu'elle a de trop.

Hier, c'était *Cromwell,* aujourd'hui c'est le citoyen Flammarion.

Et après cela on s'étonnera que l'état de siége soit si difficile à lever.

Je crois bien... Il en a si lourd sur la conscience.

Salut et fraternité.

GERVAIS MARTIAL,
ouvrier.

XXXII

GERVAIS MARTIAL AU CITOYEN JOSEPH LENTRIPÉ

Où Gervais Martial réprimande le citoyen Lentripé de s'être transformé en outrancier de la résignation, après avoir été pendant si longtemps dans les outranciers du chauvinisme.

Citoyen Lentripé,

Tu me forces à t'écrire à chaque instant ; mais pourquoi as-tu toujours des raisonnements si bêtes et si débilitants?

Je t'entendais l'autre jour en wagon pérorer à propos des bruits de guerre qui ont couru.

Et vraiment, citoyen, tu me faisais suer.

A t'entendre, la France, sous prétexte qu'elle a été vaincue il y a cinq ans, ne doit plus lever la langue, et rester systématiquement à l'écart de toutes les questions que soulèvent les affaires européennes.

Permets-moi de te dire franchement qu'en cette circonstance, je crois deviner chez toi beaucoup moins de patriotique sagesse que de soucis de tes intérêts personnels.

Tu envisages surtout, — du moins c'est mon sentiment — qu'en dépit de nos malheurs tes petites affaires reprennent un peu, et tu ne voudrais pas être troublé par des événements dans l'édification de ta fortune.

Cela, en somme, citoyen Lentripé, est presque naturel, et c'est, hélas! très-humain.

Je te passe cette faiblesse; mais au moins n'essaie pas de nous donner le change en nous disant majestueusement :

— Silence à la France!... tant que nous ne serons pas prêts.

Quand il est visible que tu penses au fond :

— Silence à la France!... tant que je n'aurai pas vendu mon fonds de quincaillerie et réalisé mes quinze mille francs de rente.

Sans doute, nous devons bien nous garder de tout ce qui ressemble à des rodomontades.

Même heureux et vainqueurs, notre chauvinisme m'a toujours semblé déplorable.

Mutilés et vaincus, ce serait encore bien pis.

Mais de là à exagérer nous-mêmes notre abattement, il y a loin.

Nous avons payé notre rançon tout entière, en somme; quant à nos fautes, nous les expions tous les jours.

Eh bien!... est-ce que nous devons quelque chose à quelqu'un?

Certes, nous sommes humiliés autant et plus que nous ne l'avions mérité en subissant l'Empire pendant vingt ans.

Mais aujourd'hui nous ne l'avons plus.

Et rien que le fait de payer péniblement ses dettes à la sueur de nos fronts, est déjà une réhabilitation de laquelle personne ne peut refuser de nous tenir compte.

Il n'appartient qu'à ceux qui criaient follement : à Berlin !... en juillet 1870 (et tu en étais, je crois, citoyen Lentripé), de baisser aujourd'hui la tête et de dire que notre devoir est aujourd'hui de tout subir.

Le Christ a dit : *Quiconque s'élève sera abaissé.*

Il a eu raison; devant Dieu, c'est possible; mais il a oublié de dire aussi :

Quiconque s'abaisse devant les hommes sera encore plus abaissé par les hommes.

C'est pourquoi, citoyen Lentripé, je ne puis te suivre quand tu prêches le relèvement du vaincu par l'avilissement.

Le vaincu qui paye sa rançon ne doit conserver de ses malheurs que le souvenir des fautes qui les lui ont attirés.

Il doit reprendre sa place au soleil, la tête haute, le cœur fier, sans insolence mais sans faiblesse.

Et au lieu de s'accabler lui-même sous l'axiome : malheur aux vaincus!... adopter cette devise qui est bonne pour les faibles comme pour les forts :

— Fais ce que dois!... advienne que pourra!

Salut et fraternité.

GERVAIS MARTIAL,

ouvrier.

LES 50 Lettres Républicaines

DE GERVAIS MARTIAL
OUVRIER

RECUEILLIES PAR TOUCHATOUT

XXXIII

GERVAIS MARTIAL AU CITOYEN MERSON

Où Gervais Martial adresse au citoyen Merson ses compliments à propos de sa conduite à l'assemblée des journalistes convoqués par le gouvernement pour donner leur avis sur la liberté de la presse.

CHEZ TOUS LES LIBRAIRES

1875

LIVRAISON 23.

Citoyen Merson,

Je t'adresse mes sincères compliments, citoyen, pour la ferme et généreuse contenance que tu as eue lors de la réunion des journalistes, qui ont été convoqués récemment par le citoyen ministre, à l'occasion du projet de loi sur la presse.

Alors que tous tes confrères ont revendiqué, sous différentes formes, la liberté pour chacun d'exprimer sa pensée, et la suppression des entraves nombreuses apportées depuis longtemps à ces manifestations légitimes;

Tu as eu, toi — toi seul — le courage de demander le maintien de toutes ces entraves : l'autorisation préalable, le cautionnement et, je crois, Dieu me pardonne !... le rétablissement du timbre.

Un pareil trait de libéralisme suffirait à faire la réputation d'un fonctionnaire ordremoralien.

Et ce serait déjà bien beau, de sa part, d'avoir tenté de multiplier les liens qui enchaînent la presse.

Mais de la part d'un journaliste — car tu es, je crois, journaliste, et de plus, chargé de représenter les intérêts d'un certain nombre de journaux de province — cette attitude est plus que courageuse, elle devient tout bonnement héroïque.

J'ai tenu à consigner ce fait dans mes *Lettres Républicaines*, citoyen Merson, parce qu'il me semble un des plus admirables que puisse enregistrer l'histoire contemporaine.

Il sera bon qu'un jour nos petits neveux apprennent qu'en l'an V de l'État de siége, un homme de la pensée a eu l'audace inouïe d'élever la voix contre tous les hommes de la pensée, pour que la presse fût traitée comme une honteuse gourgandine assujettie à la surveillance de la police.

Un homme dont la profession est de parler, d'examiner, de discuter... tendant lui-même sa langue à couper aux hommes qui haïssent et persécutent le droit de parole, d'examen et de discussion.

Cela est assez rare pour qu'on ne le laisse pas tomber dans l'oubli.

Cette brillante campagne, citoyen Merson, te fera le plus grand honneur.

Et la presse doit être fière de compter dans ses rangs un aussi zélé défenseur de ses droits.

Spartacus d'un nouveau modèle, et dont le plus profond souci est de se river lui-même ses fers aux mains plus solidement que ne pourraient le faire ses oppresseurs, et de leur désigner avec enthousiasme les endroits où les menottes lui semblent trop faibles, tu passeras à la postérité, citoyen Merson, je te l'affirme.

Et s'il se trouve par hasard des gens assez naïfs pour s'étonner que notre époque ait fourni un journaliste trahissant et livrant la presse, un écrivain trahissant et livrant sa plume, un Merson trahissant et livrant sa pensée...

Ou l'on répondra :

— Quoi de surprenant à cela... en vérité?... puisque c'était l'époque où un Bazaine trahissait et livrait son pays.

Nous sommes en des temps, citoyen Merson, où rien ne peut plus paraître étrange.

Dans toutes les places attaquées on compte des ennemis parmi ceux mêmes qui ont pour devoir de les défendre.

Entre toutes, la liberté de la presse est une des plus menacée.

Elle est cernée, bloquée, bombardée, criblée par les masses noires et compactes de la réaction, de l'intolérance, du despotisme, de l'ignorance, etc., etc.

Elle lutte de toutes ses forces contre cette terrible coalition qui a pour elle le nombre et d'excellentes positions.

Elle est peut-être sur le point de mourir en se défendant.

Mais au moins rien n'aura manqué à ses malheurs, à son

martyre : nous avons nombre de ses défenseurs qui combattent et se font tuer pour elle; elle aura eu son Bazaine s'efforçant d'ouvrir à l'ennemi une des portes de la place confiée à sa garde.

Salut et fraternité.

GERVAIS MARTIAL,
Ouvrier.

XXXIV

GERVAIS MARTIAL AU CITOYEN BUFFET

Où Gervais Martial essaie de prouver au citoyen Buffet que les choses que l'on a pour rien sont quelquefois d'un cher à tout casser.

Citoyen Buffet,

Encore une occasion, citoyen ministre, de ne pas te faire mon compliment sur la façon dont tu sembles comprendre les principes démocratiques du gouvernement à la tête duquel les événements t'ont placé.

Il paraît que tu voudrais faire repousser une disposition proposée par le citoyen Dufaure, et qui consiste à accorder une indemnité de déplacement aux délégués des communes envoyés au chef-lieu du département pour choisir les futurs sénateurs.

Franchement, citoyen Buffet, on dirait que tu ne sais quoi inventer pour te faire prendre en grippe.

A peine étais-tu installé au ministère que tu débutais par cette fameuse déclaration débordant de choses réactionnaires.

Depuis ce temps, on attend en vain de toi ce fameux mouvement administratif sur lequel on comptait tant pour faire enfin comprendre aux bonapartistes qu'ils ne peuvent pas espérer tenir jusqu'à la fin des siècles la queue de la poële d'un gouvernement républicain.

Déjà, ces malheureuses campagnes ont excité contre toi quelque mécontentement.

Et voilà qu'aujourd'hui tu mets, comme à plaisir, le trouble à la mauvaise humeur en t'opposant à une mesure que dictent en plein le bon sens et l'équité.

Ce serait à croire, vraiment, que tu n'es entré au service de notre jeune République que pour lui dire et lui faire des choses désagréables.

Pourquoi diable te refuses-tu, citoyen Buffet, à payer les frais de voyage des citoyens délégués, à qui le suffrage universel imposera un dérangement, une perte de temps et des sacrifices d'argent?

Veux-tu donc, en agissant ainsi, obliger les citoyens qui n'ont pas quinze mille francs de rentes, à refuser le mandat de délégué dont leurs compatriotes jugeraient bon de les honorer?

Ceci est tout à fait anti-démocratique; tu ne l'ignores pas.

Et comme tu ne peux l'ignorer, nous ne pouvons donc voir dans ta résistance qu'un parti pris de *classedirigéantalisation* à outrance.

Je ne crois pas, citoyen Buffet, que ce soit absolument pour consolider ce mauvais principe qu'ait été faite la constitution républicaine du 25 février dernier.

Ton système est tout à fait imprégné de cet esprit aristocratique dont le but constant est de réserver aux seuls millionnaires le monopole des fonctions publiques.

Il saute aux yeux, — même aux tiens, — que si le principe de la rétribution était supprimé, il entraînerait la mise hors la loi électorale de tous les citoyens pauvres, de quelque capacité et de quelque mérite qu'ils fussent.

Il n'est que trop évident aujourd'hui, citoyen Buffet, que c'est là que tu veux en venir.

Il est fâcheux que tu ne l'aies pas dit plus tôt.

Tu eusses sans doute économisé à la France une de ces crises ministérielles que les malentendus lui créent en si grand nombre depuis quelque temps.

Quant à moi, je ne te dissimulerai pas que je suis avec toi en complet désaccord, en ce qui touche la gratuité des fonctions publiques.

Depuis celles de président de la République jusqu'à celles de maires et même de conseillers municipaux, je voudrais qu'elles fussent toutes rétribuées proportionnellement à leur importance.

Tu me dirais peut-être, citoyen ministre, que cela coûterait beaucoup trop cher.

Mais je te répondrai, qu'à mon avis, cela coûterait bien meilleur marché.

Nous reviendrons là-dessus à l'occasion.

Salut et fraternité.

GERVAIS MARTIAL,

ouvrier.

XXXV

GERVAIS MARTIAL AU CITOYEN TRAQUARD

Où Gervais Martial secoue fortement le citoyen Traquard, qui tremble de tous ses membres, en apprenant que le czar va déjeûner chez l'empereur d'Allemagne.

Citoyen Traquard,

Ton effroi, à propos de la visite d'Alexandre à Guillaume, me fait rire.

Ainsi il est entendu que nous en sommes encore là : Deux empereurs ne peuvent pas se réunir pour casser une côtelette, sans que l'on soit sens dessus dessous. Ce n'est pas la peine d'avoir démoli la Bastille.

Le plus cocasse de l'histoire, citoyen Traquard, c'est que ce sont les empereurs qui ont peur et que c'est nous qui tremblons ; car il est bien évident que les souverains, en se précipitant dans le sein les uns des autres, cèdent beaucoup plus à l'horrible crainte d'être dévorés qu'à l'idée de manger quoi que ce soit.

Je ne prétends pas dire que l'appétit leur manque : non, mais il y a un tas de choses qui le leur coupent pour le moment ; et j'estime, citoyen Traquard, qu'il serait bien plus adroit de notre part de faire tout notre possible pour augmenter leurs crampes d'estomac que de nous affoler, comme tu le fais, de façon à faire croire que nous nous voyons déjà dans la poële à frire de la Sainte-Alliance.

D'une part, il ne peut échapper à personne que si les empereurs d'alentour nourrissaient le ténébreux projet d'achever notre horlogerie, ils se feraient passer à ce sujet de petites notes confidentielles par des commissionnaires sûrs, au lieu de nous prévenir en envoyant de fortes réclames à tous les journaux, comme s'ils avaient une pièce en répétition au théâtre Cluny.

Le jour où ce malheur devrait nous arriver, ils se feraient un point d'honneur d'opérer de façon à ce que nous n'ayons pas le temps de cacher nos pendules; c'est l'enfance de l'art.

D'autre part, avant de nous persuader que deux empereurs qui causent tout bas dans un coin, ne peuvent que comploter notre mort, il serait peut-être bon de nous demander si, au contraire, ils ne sont pas en train de se raconter secrètement leurs chagrins et de chercher à se consoler mutuellement.

Quant à moi, citoyen Traquard, je penche fortement vers cette dernière supposition.

L'essai qui se fait en ce moment chez nous du gouvernement républicain ne doit pas plonger les listes civiles d'alentour dans des voluptés folles.

Et l'on ne peut guère s'étonner qu'en présence du fatal exemple que la France donne à ses voisins en se passant de roi, l'internationale des casquettes en or ciselé se préoccupe des conséquences possibles de cette réforme.

Ces honorables travailleurs ne peuvent guère voir sans une certaine contrariété un métier qui, jusque-là, avait été excellent, menacer de tomber au point d'avoir douze mois de chômage par an.

Si nous pouvions, citoyen Traquard, assister à une de ces entrevues qui te font tant trembler, nous serions peut-être bien surpris de voir quels immenses soucis assiégent ceux qui nous font si peur sans s'en douter.

Et nous verrions peut-être ces braves gens, à qui nous prêtons à tort de mauvais projets contre nous, s'inquiéter beaucoup moins d'aller détruire la République chez les autres que de chercher les moyens propres à l'empêcher d'entrer chez eux.

Salut et fraternité. GERVAIS MARTIAL,

Ouvrier.

LES 50
Lettres Républicaines

DE GERVAIS MARTIAL
OUVRIER

RECUEILLIES PAR TOUCHATOUT

XXXVI

GERVAIS MARTIAL AU CITOYEN GOGO

Où Gervais Martial tire le citoyen Gogo d'inquiétude en lui offrant la primeur du véritable traité d'alliance que les souverains étrangers viennent de conclure entr'eux.

CHEZ TOUS LES LIBRAIRES

1875

Citoyen,

C'est une indignité, la façon dont on trompe le pauvre monde.

A propos de l'entrevue des deux empereurs, les journaux inondent le public d'une foule de renseignements tous plus erronés les uns que les autres.

Il y en a même qui poussent l'indélicatesse jusqu'à publier le texte du traité secret que les deux monarques doivent signer entre la poire et le fromage, avant de se séparer.

Et toi, citoyen Gogo, tu avales tout cela !...

J'ai pris mes renseignements, et tout cela est absolument faux.

Il y a bien un traité secret, c'est vrai.

Mais pas celui dont on te parle.

D'abord, ils ne sont pas que deux empereurs pour le signer.

Ils sont trois.

Tiens !... si cela peut te faire plaisir, en voici la copie authentique.

Entre les soussignés :

1° Guillaume, empereur d'Allemagne, habillé pour la circonstance en major russe ;

2° Alexandre, empereur de Russie, ayant revêtu tout exprès un uniforme de général autrichien ;

3° François-Joseph, empereur d'Autriche attifé, à cette occasion, en colonel de cuirassiers d'Augusta.

A été solennellement — et jusqu'à ce que cela gêne l'un des trois — convenu et arrêté ce qui suit :

ARTICLE PREMIER

Les contractants se garantissent mutuellement l'intégralité de leur territoire respectif;

Chacun des trois s'engageant sur l'honneur à ne défendre que le sien dans le cas où celui des deux autres serait attaqué.

ART. II

Voulant se donner réciproquement une preuve de confiance sans bornes, les trois empereurs consentent à ne tenir constamment leurs armées que sur le pied de guerre le plus formidable.

ART. III

Pour sauver les apparences, il sera annoncé simultanément dans l'*Officiel* des trois pays que ce déploiement de forces n'est nécessité que par l'attitude menaçante du roi d'Araucanie, et pour être prêt à repousser l'invasion que ce dernier médite très-certainement.

ART. IV.

François-Joseph consent à ce que l'empire d'Allemagne s'agrandisse.

Mais seulement aux dépens de la Russie.

ART. V

Alexandre permet également à Guillaume d'étendre ses frontières.

Mais à la condition que ce soit du côté de l'Autriche.

ART. VI

De son côté, Guillaume accorde à ses deux frères l'autorisation de se prendre tout ce qu'ils pourront.

Il ne se réserve que la faculté de se l'approprier ensuite.

ART. VII

En ce qui concerne les mesures à prendre pour combattre

le véritable ennemi commun : l'esprit révolutionnaire, un pacte est également conclu entre les soussignés.

Ils s'engagent à entretenir, à frais partagés, une cabale internationale contre l'idée républicaine.

ART. VIII

Si l'un des trois souverains venait à être renversé par son peuple, les deux autres accourraient immédiatement à son secours avec toutes leurs forces disponibles.

ART. IX

Si le même malheur arrivait à tous les trois en même temps, un besigue à vie, fraternel et consolateur les réunirait dans l'exil.

ART. X

Pour resserrer davantage les tendres liens qui les unissent, les trois empereurs s'engagent à marier leurs enfants entre eux dès l'âge le plus tendre.

ART. XI

En conséquence de l'article qui précède, chacun des trois contractants fournira à l'association, dans le délai de vingt mois au plus, deux enfants nouveaux-nés, savoir :

François-Joseph : deux garçons;

Alexandre : deux filles;

Guillaume : un garçon et une fille.

ART. XII

Aussitôt sevrés — et même avant si cela est nécessaire — les six enfants seront amalgamés par des fiançailles vives et animées, de façon à ce que pères, beaux-pères, mères et belles-mères, brus et gendres forment sur les peuples d'Europe un écheveau inextricable qui devienne l'effroi des socialistes et la tranquillité des souverains.

DISPOSITIONS GÉNÉRALES

En conséquence des conventions ci-dessus, les parties ne s'honorant mutuellement d'aucune confiance, chacune d'elles, en rentrant à son logis, prendra immédiatement contre les deux autres les dispositions que commande toute entente de cette nature.

Fait triple et de bonne foi, à Berlin, le . . . .

Suivent les signatures :

Voilà exactement, citoyen Gogo, les termes du seul traité que peuvent signer des monarques entre eux.

N'ajoute aucune foi aux autres rédactions que l'on publie à cet égard.

Salut et fraternité.

GERVAIS MARTIAL,
ouvrier.

XXXVII

GERVAIS MARTIAL AU CITOYEN EUGÈNE PAZ

Où Gervais Martial exprime sa vive satisfaction de voir le goût de la gymnastique se répandre en France.

Citoyen,

Pour cette fois, les *Lettres républicaines* feront patte de velours.

Gervais Martial est content. Ce n'est pas tous les jours.

Je vois avec plaisir, citoyen Paz, que la *Société nationale de gymnastique*, fondée par toi il y a deux ans à peine, vient de donner une grande fête le dimanche de la Pentecôte.

Il s'agissait de montrer au public ce que six ou huit cents hommes de bonne volonté peuvent faire pour la France en quelques mois.

Et cela m'a semblé diablement plus intéressant que ce que sept cent cinquante autres, que tu sais bien, ont fait pour elle depuis bientôt cinq ans.

La *Société nationale de gymnastique*, citoyen Paz, en se fondant, s'est imposé un double but : la régénération physique, dont la vue seule d'un lecteur du *Figaro*, en caleçon de bain, suffit amplement à démontrer la nécessité pressante, et l'étude du maniement des armes, pour tous, qui doit nous conduire à notre reconstitution militaire, presque aussi vite que les dix décrets par trimestre au moyen desquels on change la couleur des passepoils des uniformes de l'armée française.

Pour tout homme qui a encore la naïveté de croire que l'on ne peut faire une nation libre qu'avec des hommes sains, c'est une véritable joie de voir le goût de la gymnastique pénétrer chez la jeunesse.

Sans parler de ce qu'ils ont d'essentiellement hygiénique, — ce dont la preuve n'est plus à faire, les exercices de corps ont surtout l'avantage de viriliser l'homme au moral.

Équilibrant et harmonisant les fonctions vitales, ils combattent nécessairement les vices.

Et je crois, citoyen Paz, que si les frères des écoles chrétiennes faisaient tous les jours une heure de barres parallèles et une bonne séance de poids au lieu de se cuire le sang dans un célibat contre nature, et de porter de grandes robes de chambre, d'une si vilaine coupe, on n'en verrait pas autant passer en police correctionnelle pour attentat à la pudeur sur des enfants de six à neuf ans.

Je crois donc devoir t'offrir, citoyen, mes compliments sincères et mes encouragements.

Depuis quatre ans et plus que nous pataugeons sur place dans le plus affreux des gâchis, en nous contentant de répéter sans cesse les mots : *régénération, réorganisation,* de quelque côté que nous nous tournions, nous sommes navrés de constater qu'aucune œuvre forte n'a été tentée par ceux qui avaient mission de relever notre pays.

En ce qui concerne surtout notre réorganisation militaire, voilà bientôt cinq ans que nous avons été battus, et je suis bien sûr qu'il y a encore en France plus de deux millions d'hommes valides qui ne savent pas si un fusil se met en joue par la crosse ou par le canon.

Si j'étais président de la République, dans un pays qui em.

ploie pour se relever à peu près les mêmes moyens qui lui ont servi à se perdre, le premier citoyen qui prononcerait le mot de : *revanche,* je lui ferais murer la bouche avec du ciment romain.

Eh bien ! citoyen Paz, ce que personne ne songeait assez sérieusement à faire, l'initiative individuelle l'essaie en ce moment et y réussira.

Déjà les élèves de plusieurs colléges, instruits militairement, manœuvrent comme de vrais grognards ; la *Société nationale de gymnastique* est en train, sans que le ministère de la guerre s'en occupe, de former tous les hommes qui en font partie à l'exercice du chassepot.

Un beau matin nos représentants, pour se reposer de leurs vacances, voudront peut-être bien s'occuper de la loi militaire.

Alors, elle accouchera péniblement d'un article excellent portant que « *tous les citoyens doivent apprendre le maniement des armes.* »

Et ce sera très-drôle d'entendre la France leur répondre :

— D'où sortez-vous donc ?... Il y a longtemps que c'est fait !

Salut et fraternité.

GERVAIS MARTIAL,

Ouvrier.

LES 50 Lettres Républicaines

DE GERVAIS MARTIAL
OUVRIER

RECUEILLIES PAR TOUCHATOUT

XXXVIII

GERVAIS MARTIAL AU CITOYEN JOSEPH LENTRIPÉ

Où Gervais Martial plonge dans l'ivresse le citoyen Lentripé en lui donnant quelques renseignements pleins de gaîté sur certains bruits de projets matrimoniaux princiers qui courent l'Europe depuis huit jours.

CHEZ TOUS LES LIBRAIRES

1875

Citoyen Lentripé,

Tu as lu, n'est-ce pas, ces jours derniers, dans beaucoup de journaux, une note ainsi conçue ou à peu près :

« On parle sérieusement, depuis une semaine, d'une alliance « projetée, qui ferait beaucoup de bruit en Europe.

« Il s'agit d'une jeune princesse appartenant à une famille « régnante très-puissante, et d'un jeune prince appartenant à « une famille ayant longtemps régné en France.

« Nous n'en pouvons dire plus long pour le moment »

A cette nouvelle, citoyen Lentripé, ton cœur a tressailli de joie, j'en suis sûr.

Chatouillé dans tes regrets cuisants et tes espérances les plus chères, tu t'es dit :

— Oh! si cela pouvait être vrai.

Laisse-moi arroser ton allégresse naissante, citoyen Lentripé, et te donner des renseignements précis sur cette alliance.

Oui, tu as deviné.

Cette jeune princesse, c'est bien elle.

Le jeune prince, c'est bien Lui.

De toutes parts déjà, on s'aborde ainsi :

— Vous savez la grande nouvelle?... Vélocipède IV vient d'être fiancé à la nièce de l'empereur d'Allemagne.

— Eh bien! qu'est-ce que cela peut nous faire?

— Comment!... qu'est-ce que cela peut nous faire ?... attendez donc!... L'empereur Guillaume donnera en dot à sa nièce... devinez quoi.

— Un riche cachemire ?

— Non.

— Un lot de pendules?

— Non... Il lui donnera... l'Alsace et la Lorraine!... Et de cette façon, vous comprenez... quand la France voudra ravoir l'Alsace et la Lorraine, elle n'aura qu'à reprendre le petit Vélocipède IV avec.

— Ah Bah !... Tiens! mais... c'est ingénieux!

Voilà, citoyen Lentripé, la conversation à laquelle se livrent pas mal de gens... de ton monde, depuis une huitaine de jours, c'est une distraction comme une autre; et puis, ça peut se faire en jouant au besigue.

Evidemment les citoyens qui passent leur temps à cela sont de vrais idiots; mais, comme il faut avoir des amis partout, je veux, pour me mettre bien avec eux — et avec toi, citoyen Lentripé — t'offrir la primeur d'un document curieux qui m'a été communiqué par une somnambule extra-lucide.

Il s'agit du contrat de mariage de Vélocipède IV avec la nièce de l'empereur Guillaume.

Ce contrat est peut-être signé à l'heure qu'il est.

Je le transcris de mémoire :

Par devant Me... etc., etc...

Ont comparu :

La dame Eugénie de Montijo, ex-impératrice des Français, d'une part;

Le sieur Guillaume de Cadranzollern, actuellement empereur d'Allemagne, et la dame Augusta, son épouse, d'autre part ;

Lesquels, en vue du mariage projeté entre leurs fils et nièce, ont arrêté ce qui suit :

Les princes époux adoptent le régime de la commune ôtée.

Louis Napoléon Vélocipède iv, âgé de 19 ans, apporte en mariage :

Des habits, linges, hardes, bicycles, mauvais instincts, indispositions physiques, sa place n° 37 aux examens de Woolwich, l'amitié d'Emile Ollivier, etc., etc..., le tout estimé à 300 fr.

De son côté, Greetchen-Litchen de Cadranzollern, âgée de neuf ans, apporte en dot :

Sa vertu évaluée dès aujourd'hui — sauf réduction au moment de la réalisation du mariage — à pareille somme de trois cents francs.

La veuve de Napoléon III donne et constitue en dot à son fils :

1° Les principes de décembre que lui a laissés son défunt mari, estimés d'un revenu annuel de cent millions de francs ;

2° Le sénatus-consulte du 19 janvier 1870, qui n'a presque pas été mis, avec une instruction pour se servir des libertés qui sont dedans, sans les user ;

3° Un couronnement d'édifice tout neuf, mais sans son support.

Le tout évalué cinq milliards ou... quinze sous... selon les circonstances.

De son côté, l'empereur Guillaume donne et constitue en dot à sa nièce :

L'Alsace et la Lorraine avec toutes leurs dépendances et tous les... embêtements qu'il a pour les conserver.

Lesdites provinces estimées : huit milliards.

Suivent les signatures:

Tu vois, citoyen Lentripé, que tu as bien raison de te réjouir.

Et que tu peux encore espérer le retour d'un régime qui t'a fait si gras pendant dix-huit années !

Salut et fraternité.

GERVAIS MARTIAL,

ouvrier.

XXXIX

GERVAIS MARTIAL AU CITOYEN GAMBETTA

Où Gervais Martial expose au citoyen Gambetta qu'il lui semble amer d'entendre dire aux bonapartistes des choses justes que les républicains eussent bien pu dire eux-mêmes.

Citoyen Gambetta,

J'ai déjà eu l'occasion plusieurs fois, citoyen, de te dire ce que je pensais de ta conduite récente et de celle de tes amis.

Je t'ai exprimé mes craintes en ce qui concerne le système des compromis à outrance duquel tu t'es fait le promoteur.

Voici du renfort, citoyen Gambetta.

Et d'où vient-il ? De nos ennemis mêmes.

Tu n'es pas sans avoir lu le discours qu'a prononcé le citoyen Raoul Duval, dans une réunion politique récente.

Je regrette d'être contraint de me servir contre toi d'arguments puisés à une telle source.

Mais que pourraient te dire les républicains de mieux que ce que t'a dit ce bonapartiste ?

Rien, à mon avis.

Je cite :

« La France a vu ceux qui avaient dénié à l'Assemblée le « pouvoir de constituer, fabriquer une Constitution.

« Elle a vu les représentants de Paris voter un sénat pour « lequel vous fournissez le même nombre de sénateurs que le « Nord, à peu près de moitié moins peuplé que la Seine.

« Elle a vu beaucoup de ceux qui s'étaient déclarés les parti- « sans d'une Assemblée unique, en organiser deux.

« Elle les a vu abandonner les droits du suffrage universel

« au point d'accepter la nomination de 75 sénateurs d'élite ina-« movibles par une Assemblée expirante.

« Au spectacle de ces palinodies, la conscience publique s'est « lassée. Ne sachant plus en quelle parole se confier, elle s'af-« faisse, indifférente, et attend son salut du hasard ou des « impénétrables décrets de la Providence. »

Hélas ! citoyen Gambetta, qui parle ainsi ? Qui rappelle, avec tant de justesse, les défaillants aux principes ?

C'est un impérialiste.

Il faut que nous ayons le chagrin d'entendre dire ces choses si sensées par nos plus redoutables adversaires !...

Ah ! la leçon est dure.

Qui nous eût dit à tous qu'un jour les bonapartistes, les hommes du Deux-Décembre, rappelleraient les républicains au sentiment du devoir, qu'ils les prendraient en flagrant délit de désertion, et qu'ils leur infligeraient l'affront public de les dénoncer comme ayant compromis — et peut-être perdu — tout ce qu'ils avaient mission de défendre et de sauver?

Qui nous eût dit tout cela, citoyen Gambetta, nous eût bien étonné.

Peut-être ta politique de biais, d'expédients et de concessions est-elle la bonne, citoyen Gambetta.

Je souhaite même de tout mon cœur avoir eu tort contre toi et ceux que tu as convaincus que des têtes de lapins pouvaient faire, à la longue, un excellent civet de lièvre, avec de la patience.

Mais, franchement, si ton plat réussit, il devra nous sembler bien bon, car, pendant la cuisson, nous aurons enduré de rudes atouts.

Quand ça ne serait que d'entendre les bonapartistes plaider pour nos principes pendant que nous les désertons. Ce n'est déjà pas mince, je t'en réponds.

Salut et fraternité.

GERVAIS-MARTIAL,
Ouvrier.

XL

GERVAIS MARTIAL AU CITOYEN COURCELLE

Où Gervais Martial félicite sincèrement le citoyen Courcelle d'avoir obtenu que l'Assemblée FONDE juste au moment de FONDER.

Citoyen Courcelle,

Eh bien !... citoyen, te voilà content, j'espère.

Ton petit projet de loi par lequel l'Assemblée nationale ferme sa porte et met la clef en dedans pour que personne n'y entre plus, a passé.

Tu dois être fixé.

Le fait est, sais-tu, que c'est là un beau succès.

Et, de plus, un succès qui peut avoir des conséquences beaucoup plus importantes qu'on ne paraît le croire.

En effet, voilà une Assemblée qui, d'une part, n'accueillera plus d'éléments nouveaux, et d'autre part a gardé, par devers elle, le droit de s'éterniser, puisqu'elle n'a voulu fixer aucune époque pour sa dissolution.

Cela peut aller loin, comme tu vas le voir.

Déjà quinze membres sont absents.

Supposons que dans l'espace de six mois une vingtaine de députés soient emportés, les uns par leur âge, d'autres par une maladie, d'autres par accidents.

Voilà l'Assemblée souveraine amputée de trente-cinq membres.

Par le temps de majorité de 15 ou 16 voix qui court, il n'est pas séditieux de supposer que trente-cinq voix de moins d'un côté ou de l'autre peuvent passablement altérer les votes auxquels l'Assemblée se livrerait.

Ce n'est certainement pas cela que tu as voulu, citoyen Courcelle.

Aussi suis-je étonné que tu aies persisté à exiger qu'une Assemblée s'affaiblisse juste au moment où elle se dispose à constituer quelque chose de solide.

Cette manière de se préparer à faire un bel enfant en se faisant saigner, et en se mettant à la diète pour diminuer ses forces vitales, n'était pas prévue par la Faculté.

Enfin !... il était donné à l'Assemblée de Versailles d'étonner le monde.

On n'a rien à lui reprocher... elle l'étonne.

Salut et fraternité.

GERVAIS MARTIAL,
ouvrier.

LES 50

Lettres Républicaines

DE GERVAIS MARTIAL

OUVRIER

RECUEILLIES PAR TOUCHATOUT

XLI

GERVAIS MARTIAL AU CITOYEN BUFFET

Où Gervais Martial propose au citoyen Buffet un moyen de conjurer les dissolutions.

CHEZ TOUS LES LIBRAIRES

1875

LIVRAISON 26.

Citoyen Buffet,

A peine l'Assemblée nationale est-elle rentrée de vacances.

A peine a-t-elle décidée, avec un égal empressement, qu'elle n'admettrait plus de nouveaux membres et que les anciens rentreraient dans leurs foyers à une date... peu éloignée mais « cependant *morale* ».

A peine nous a-t-elle laissé entrevoir ce commencement de la fin, que déjà les imaginations travaillent et enfantent par douzaines les projets les plus ingénieux et les plus wallonnacadabrants.

Ces projets, très-sombres, ont du moins l'avantage de viser loin à quelque chose de très-clair.

Ce quelque chose, c'est : rester impertubablement où personne ne veut plus de vous.

Je suis fort étonné, citoyen Buffet, que quelqu'un — toi, par exemple, cela me semble assez dans tes cordes — n'ait pas encore songé à fonder, comme pour la destruction du phylloxera — un prix de 500,000 francs destiné à l'auteur de la meilleure solution de problème ardu : *Le parlement perpétuel.*

On pourrait le poser ainsi aux concurrents.

Étant donné, d'une part :

Un pays qui repousse la monarchie et demande la consolidation de la République ;

D'autre part :

Une Assemblée qui ne veut pas consolider la République et qui ne peut pas rétablir la monarchie ;

Trouver le moyen que tout le monde soit content.

Ou bien encore de cette façon :
Une nation voudrait que son Assemblée s'en allât.
L'Assemblée désirerait ne pas s'en aller.
Arranger les choses à la satisfaction de chacun.

Troisième manière, citoyen Buffet, de présenter le problème.
D'un côté :
Un pays qui a élu une Assemblée, croyant l'élire pour six semaines au plus ;
De l'autre :
Une Assemblée qui s'est figuré que du moment que l'on n'avait pas fixé de durée à son mandat, ça voulait dire dix-huit ans au moins ;
Prouver que cette Assemblée a droit à la perpétuité.
Il est évident, n'est-ce pas, citoyen Buffet, que si l'on avait pris le parti de faire ainsi appel à tous les esprits inventifs de France, on aurait reçu, pendant les dernières vacances, une masse de solutions plus ou moins ingénieuses.
Et que l'Assemblée, à son retour, n'aurait eu que l'embarras du choix.

Car, on ne peut pas admettre — aussi insoluble que paraisse le problème — qu'il ne se serait pas trouvé, sur les trente-quatre millions de Français qui nous restent encore (Sedan liquidé), un seul citoyen assez malin pour trouver le moyen de prouver à la France, qu'en élisant depuis quatre ans des députés dissolutionnistes, elle manifeste clairement son intention de proroger de trente-sept années les pouvoirs de l'Assemblée actuelle.

Du reste, citoyen Buffet, quelques citoyens de bonne volonté s'étaient mis à l'œuvre, même avant le citoyen de Courcelle dont le projet vient d'être adopté.

L'un d'eux proposa naguère de fixer à l'Assemblée actuelle une durée égale à celle du septennat.
Soit : six ans encore.
Avec les cinq qui sont passés, total ONZE ANS !...

Il y a beaucoup de liaisons amoureuses qui sont défraîchies avant ce temps-là.

Un autre avait trouvé le renouvellement de la Chambre par vingtièmes ou soixante ans.

Un troisième proposait l'hérédité pour les députés actuels.

Enfin, après quelques jolies douzaines de projets, tous plus aimables les uns que les autres, est arrivée la fameuse combinaison Courcelle, plus connue sous la dénomination fantaisiste de : *l'extinction par amortissement*.

Il est donc entendu, citoyen Buffet, que l'on suspend les élections partielles, afin de ne point troubler constamment le pays par des luttes électorales qui l'épuisent.

Cette attention délicate est, d'ailleurs, parfaitement louable.

Et la pensée de rendre une nation au calme et à la prospérité devait naturellement venir à des gens qui, pouvant en finir en quinze jours par de nouvelles élections générales, se proposent de prolonger indéfiniment une bienfaisante incertitude.

Le vote de la proposition Courcelle ayant été suivi immédiatement par le refus de la Chambre d'indiquer l'époque où elle entendrait se dissoudre, il est à peu près clair que cette dissolution est — du moins dans l'esprit de pas mal de gens — renvoyée au prochain paiement de coupons des *galions du Vigo*.

Aussi, je crois, citoyen Buffet — et j'espère que tu seras tout à fait de mon avis — que l'Assemblée aurait tort de chercher tant de biais et de ne pas en finir d'un coup par une mesure radicale.

Si j'étais à ta place, voici ce que je prendrais la liberté de lui proposer :

Le cinq juin prochain, à l'occasion de la fête de Saint *** — (n'importe lequel, cela ne fait absolument rien, tous les saints sont bons pour partir en vacances) — l'Assemblée se séparerait et s'ajournerait au trente novembre 1875 ou même 1876.

Au jour dit, la rentrée aurait lieu.

Et l'Assemblée fondrait tous les projets de lois Constitutionnelles qui ont vu le jour depuis vingt-huit mois, dans le suivant :

ARTICLE PREMIER

Le gouvernement de la France est l'ÉTAT DE SIÉGE légitime, absolu et héréditaire.

ART. II

L'ÉTAT DE SIÉGE est responsable ; mais il ne doit de comptes à personne.

ART. III

L'Assemblée se renouvelle de la manière suivante :

Tous les trois mois, cinquante députés de la gauche sortent.

Ils ne sont pas remplacés.

Cinquante membres de la droite sont chargés de voter pour eux.

—

Voilà, citoyen Buffet, ma solution.

Je suis sûr que si je pouvais t'en dire tout le bien que tu en penses, je parviendrais à te la faire aimer.

Salut et fraternité.

GERVAIS MARTIAL,

Ouvrier.

XLII

GERVAIS MARTIAL AU CITOYEN BATBIE

Où Gervais Martial soumet au citoyen Batbie ses idées sur l'obligation du domicile en matière électorale.

Citoyen Batbie,

Je ne puis mieux faire que de t'adresser cette lettre, relative à la loi électorale, à toi qui t'es occupé de la question à différentes reprises.

Il paraît que l'on s'occupe de nouveau du coup de lime projeté depuis longtemps sur les ongles du suffrage universel.

Et la question des deux années de domicile commence à refleurir comme les bluets dans les blés.

Pourrais-tu m'expliquer, citoyen Batbie, toi qui as étudié la chose à fond, en quoi un citoyen qui n'a pas déménagé est supérieur à un autre qui vient de changer de domicile?

J'ai absolument besoin d'être fixé à ce sujet, pour me rendre compte des puissants motifs qui ont déterminé la commission chargée de préparer la loi électorale à demander qu'une ou deux années de domicile soient exigibles pour voter.

C'est en vain, citoyen Batbie, que depuis quinze jours, je me creuse la cervelle pour y découvrir en quoi je serais devenu indigne d'élire mon représentant, parce que j'aurais quitté depuis six mois le faubourg Saint-Martin pour aller demeurer faubourg Saint-Antoine.

Je ne trouve rien... absolument rien.

C'est à croire, ma parole d'honneur, que le législateur s'inspirant du style *tintamarresque*, s'est dit :

Pour mettre un terme aux abus du suffrage universel, mettons en QUATRE entre le jour de l'emménagement et l'inscription électorale.

Si ce n'est pas cela, citoyen Batbie, c'est que la commission se sera tenue ce raisonnement presque aussi amusant :

Pour obtenir un gouvernement qui n'avance guère, il faut le faire élire par des citoyens qui ne bougent pas.

Toujours est-il que si l'exigibilité d'une ou deux années de résidence est adoptée, voilà le suffrace universel passablement écorné.

Une fois la loi votée, nous allons nous trouver à peu de chose près dans la même situation que le 23 février 1848, ce qui nous rajeunit tous de vingt-sept ans.

Du reste, il faut convenir, citoyen Batbie, que nous aurons bien droit à nous faire enlever de dessus la tête ces vingt-sept années, puisque nous ne les aurons employées qu'à faire des sauts de dix pas en arrière à chaque dix pas que nous faisons en avant.

Nous voici donc, citoyen Batbie, sur le point de revenir au cens.

Car il est inutile de se gommer le bitter : deux ans de résidence, si ce n'est pas tout à fait le sens commun, c'est parfaitement le cens électoral.

Remarques-tu une chose, citoyen Batbie? c'est que chaque fois que nos législateurs entament le suffrage universel, ils l'entament toujours par le même bout.

Aussi, jamais tu n'as vu un gouvernement proposer la modification suivante à la loi électorale :

« Considérant que, depuis que les riches, qui ont intérêt à ce « que les choses restent comme elles sont, votent, il est bien « temps de faire voter les pauvres, qui ont intérêt à ce qu'elles « changent;

« Arrêtons ce qui suit :

« Les citoyens qui paient plus de vingt francs de contribution « ne sont pas électeurs. »

Ce n'est pas, citoyen Batbie, que je désire cette loi-là, qui serait absurde.

Mais s'il fallait absolument priver de leurs droits électoraux les citoyens qui ne déménagent jamais parce qu'ils sont trop bien, ou ceux qui changent de logement parce qu'ils sont trop mal, j'aimerais encore mieux me décider en faveur de ces derniers.

Cette préférence m'est dictée, citoyen Batbie, par la conviction dans laquelle je suis depuis longtemps, que plus on a besoin de pain et de bois, plus on a besoin d'être électeur.

Salut et fraternité.

GERVAIS MARTIAL,
Ouvrier.

LES 50

Lettres Républicaines

DE GERVAIS MARTIAL

OUVRIER

RECUEILLIES PAR TOUCHATOUT

XLIII

GERVAIS MARTIAL AU CITOYEN PRÉSIDENT DE L'ASSEMBLEE

Où Gervais Martial expose au citoyen d'Audiffret Pasquier ce qui arrivera infailliblement un de ces jours si les citoyens représentants ne sont pas plus exacts à leurs séances.

CHEZ TOUS LES LIBRAIRES

1875

Citoyen d'Audiffret Pasquier,

Il est très-visible, citoyen président, que, depuis quelques jours, nos députés se fatiguent.

La session à peine commencée leur semble déjà lourde.

Et il saute aux yeux que beaucoup d'entre eux assistent aux séances avec l'entrain d'un homme acculé dans l'embrasure d'une fenêtre par un inventeur incompris.

Ils arrivent tard, ils n'arrivent pas... Ils demandent des congés, ils en prennent sans les demander.

C'est au point, citoyen d'Audiffret, que l'autre jour tu as dû ouvrir la séance devant une soixantaine de députés présents.

Si cela continue — et cela continuera certainement, ça augmentera plutôt — nous lirons à l'*Officiel* un de ces jours le compte rendu suivant :

ASSEMBLÉE NATIONALE

Séance du ** juin 1875.

—

A trois heures moins un quart, M. le président monte au fauteuil.

Huit membres sont présents.

M. LE PRÉSIDENT.— Je m'aperçois, messieurs, que nos honorables collègues sont de plus en plus inexacts. Je les ai prévenus plusieurs fois, je vais faire procéder à l'appel nominal.

Bravos à l'extrême droite.

On procède à l'appel nominal.

M. LE PRÉSIDENT. — Nous ne sommes pas en nombre; je crois que nous n'avons qu'une chose à faire, c'est d'aller déjeuner.

M. DE BELCASTEL. — Je demande la parole sur le règlement.

M. LE PRÉSIDENT. — La parole est à M. de Belcastel.

M. DE BELCASTEL *à la tribune.* — Messieurs, nous ne pouvons pourtant pas être à la merci des membres de cette Assemblée qui n'en finissent pas de faire leur barbe le matin. Ils ont été prévenus; je demande que nous passions outre et que nous délibérions sans eux.

Applaudissements.

M. LE PRÉSIDENT. — Je mets aux voix la proposition de M. de Belcastel.

La proposition est adoptée à l'unanimité.

M. LORGERIL. — Messieurs, j'ai une observation à faire. Tout à l'heure, lorsqu'a eu lieu l'appel nominal, au nom de M. de Kéridec, une voix a répondu : *Présent!...* Cependant, je n'aperçois pas M. de Kéridec à son banc.

Profonde émotion.

M. LORGERIL. — On me dit que c'est M. de Kerjégu qui a répondu pour lui en changeant le ton ordinaire de sa voix.

M. de Kerjégu avoue. Il donne pour excuse que M. de Kéridec avait été obligé de quitter précipitamment la salle pour quelques instants en emportant un numéro de l'*Univers*.

A ce moment, M. de Kéridec rentre, l'incident n'a pas de suite.

M. SALOI. — J'ai l'honneur de déposer un projet de loi sur la presse, pour lequel je demande l'urgence.

PLUSIEURS VOIX. — Lisez le projet.

M. LE PRÉSIDENT. — Messieurs, la loi sur la presse est une loi grave, et n'étant pas en nombre, il me semble...

UNE VOIX FURIEUSE. — Raison de plus !

M. SALOI lisant son projet :

ARTICLE PREMIER. — Le cautionnement sur les journaux est maintenu ; seulement, il est triplé.

Marques d'approbation.

ART. II. — Le timbre sur chaque journal est fixé à dix centimes... par colonne.

Bravo.

ART. III. — Le droit de poste sur les journaux est supprimé.

Violentes réclamations.

M. SALOI. — Attendez donc... vous ne me laissez pas achever. Le droit de poste sur les journaux est supprimé. Il est remplacé par la taxe ordinaire des lettres à raison de 25 centimes par 15 grammes.

Trépignements d'enthousiasme.

ART. IV. — Un impôt de trente-huit francs par rame est établi sur le papier.

M. LE MARQUIS DE LA ROCHE AYMON — Et l'encre d'imprimerie ?...

M. SALOI. — C'est juste !... la commission l'avait oubliée.

Nous ajouterons donc le paragraphe suivant :

« L'encre d'imprimerie est assujettie à une taxe de cent cin- « quante-deux francs par 100 kilogrammes. »

M. DE BELCASTEL. — Si on la prohibait tout à fait en France et dans les colonies ?...

M. SALOI. — C'est une idée ; je la soumettrai au bureau.

Continuant :

ART. V. — Les ouvriers compositeurs typographes et généralement tous ceux employés dans les imprimeries paieront, en sus de leurs contributions, une patente de quinze cents francs.

Les cinq premières années de cette patente sont exigibles de suite à titre de cautionnement.

Applaudissements prolongés.

M. LE PRÉSIDENT. — Personne ne demande la parole contre le projet ?

Silence général.

M. LE PRÉSIDENT. — Je le mets aux voix.

Le projet est adopté à l'unanimité.

M. DE LORGERIL. — J'ai l'honneur de déposer le projet de loi suivant, et je demande l'urgence.

ARTICLE UNIQUE. — L'état de siége est levé dans tous les départements qui y sont soumis.

Violents murmures.

M. DE LORGERIL. — Attendez donc !... (lisant.) Il est rétabli dans toute la France pour plus d'uniformité.

Applaudissements.

M. LE PRÉSIDENT. — Ce projet me semble très-important, et l'Assemblée n'étant pas en nombre, je crois que...

UNE VOIX FURIEUSE. — Raison de plus!

M. LE PRÉSIDENT. — Alors je le mets aux voix.

Le décret est voté à l'unanimité.

M. DE KERJÉGU. — Je dépose le projet de loi suivant :

Un crédit de huit milliards est ouvert à M. le ministre de la guerre pour lever deux millions de soldats à l'effet de rétablir le pape dans ses anciens États. Les hostilités commenceront mercredi prochain.

M. LE PRÉSIDENT. — Permettez, messieurs : une loi de cette importance, déposée dans un moment où l'Assemblée n'est pas en nombre, me semble...

UNE VOIX FURIEUSE. — Raison de plus!...

La loi est votée à l'unanimité.

A ce moment, on entend dans la cour le bruit que font les députés arrivant en retard à la séance.

M. de Kéridec s'élance à la tribune.

M. DE KÉRIDEC. — Messieurs..., le temps presse!... Dans cinq minutes, il sera peut-être trop tard.

Je dépose le projet de Constitution suivant, signé de cinq de mes collègues ici présents et de moi.

Je demande l'extra-urgence.

VOIX. — Lisez le projet!...

M. DE KÉRIDEC *lisant.*

ARTICLE PREMIER. — La Constitution républicaine votée par surprise le 25 février dernier est démolie.

Applaudissements.

M. DE KÉRIDEC. — ART. II. Le comte de Chambord est appelé au trône de France.

Il sera prévenu, ainsi que Sa Sainteté, Pie IX, par dépêche télégraphique, et sera sacré demain dans la chapelle du château de Versailles.

M. SALVI, *sautant sur la tribune.* — Je demande la parole contre le projet.

LES CINQ MEMBRES DE LA DROITE *en masse.* — A l'ordre! à l'ordre! la clôture!...

M. LE PRÉSIDENT, *cherchant à rétablir le calme.* — Permettez-moi de vous faire observer que pour voter une loi qui change de fond en comble la constitution de la France, choisir justement un jour où l'Assemblée n'est pas en nombre, me semble un peu...

UNE VOIX FURIEUSE. — Raison de plus!

La clôture est prononcée.

M. LE PRÉSIDENT. — Je mets aux voix la proposition de M. de Kéridec.

Le vote a lieu.

Pour l'adoption. . 5
Contre. 3

M. LE PRÉSIDENT. — Le projet de M. de Kéridec est adopté, la séance est levée.

M. DE KERJÉGU *remettant son chapeau.* — Ouf!... il était temps.

Au moment où les députés retardataires arrivent et trouvent la porte fermée, ils apprennent la nouvelle.

Tableau!...

—

Voilà, citoyen d'Audiffret Pasquier, à quoi nous sommes exposés, dans un sens ou dans un autre, si l'Assemblée nationale, déjà bien fatiguée de tant de mal qu'elle se donne depuis cinq ans, se laisse gagner encore cette fois par la canicule.

Je compte certainement sur ton patriotisme, citoyen président, pour nous éviter cette cruelle extrémité.

Mais jamais je n'aurais cru que des députés qui ont tant de mal à s'en aller de leurs bancs pussent en avoir encore davantage à y venir.

Salut et fraternité.

GERVAIS MARTIAL,

Ouvrier.

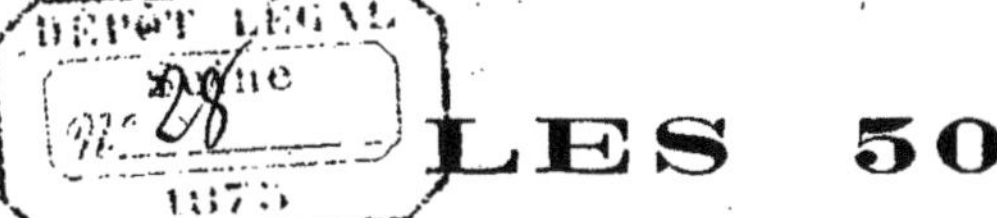

LES 50

Lettres Républicaines

DE GERVAIS, MARTIAL
OUVRIER

RECUEILLIES PAR TOUCHATOUT

XLIV

GERVAIS MARTIAL AU CITOYEN LENTRIPÉ

Où Gervais Martial confirme au citoyen Lentripé les bruits qui courent dans les journaux de l'ordre moral sur le dépeuplement de la France par la République.

CHEZ TOUS LES LIBRAIRES

1875

LIVRAISON 28.

Citoyen Lentripé,

Tu ne t'aperçois pas, citoyen, à quel point les feuilles de l'ordre moral se moquent de toi.

Mon devoir est de te le signaler.

Depuis quelques jours, tu dois avoir remarqué qu'il est impossible d'ouvrir un de ces journaux sans y lire :

Que depuis la reconnaissance définitive de la République, les garçons de recette de la Banque n'encaissent plus un effet sur dix qu'ils présentent.

Que les théâtres les plus privilégiés font en moyenne une recette de 8 francs 35 centimes par soirée.

Que trois de leurs colonnes ne suffisent plus pour enregistrer les faillites.

Et que tous les limonadiers des boulevards voient avec stupeur leur clientèle délaisser leurs établissements et donner leur pratique aux fontaines Wallace.

C'est devenu une véritable furie, citoyen Lentripé.

On tient à tout prix à te prouver que la République a arrêté hier les affaires.

Et à ameuter contre elle tout ce qui vend quelque chose sous le soleil.

On cite même, citoyen Lentripé, un de ces journaux qui a eu une véritable inspiration.

Profitant de ce que des bureaux de rédaction sont au rez-de-chaussée sur la rue, dans un quartier très-fréquenté, il a affiché sur ses carreaux l'avis suivant :

LES NOUVELLES ALARMANTES

(pourvu qu'elles soient fausses)

SONT PAYÉES

à raison de 75 centimes

LA LIGNE

Mais il y en a un qui a remporté la palme, c'est celui qui a trouvé l'entrefilet suivant :

« Le lendemain du jour où l'on a appris que la nouvelle « commission des Trente était composée de républicains, il a « été vendu à Paris 75,000 malles de voyage, 153,000 sacs de « nuit, 228,000 cartons à chapeaux et 385,817 guides Conty. »

Tu as lu cela, n'est-ce pas, citoyen Lentripé?

C'est semé sans apprêt dans les faits divers; ça paraît très-anodin au premier abord.

Et on ne s'en émeut pas plus que si l'on venait de lire :

« Le temps a été pluvienx pendant toute la journée d'hier. »

Mais en y réfléchissant, c'est alors qu'on se sent empoigné.

— Ah! fichtre!... se dit-on — pas à Paris, mais à Jmembetty-les-Sableux; car il faut te dire que ce genre de nouvelles est spécialement destiné aux lecteurs de Jmembetty-les-Sableux.

— Ah! fichtre!... c'est grave! 75,000 malles de voyage!... As-tu vu ça, madame Lentripé?...

— Quoi donc, mon ami?

— Tu n'as donc pas entendu?... Je te dis que l'on a vendu hier 75,000 malles de voyage à Paris... Comprends-tu?... La capitale doit être un désert! Dans deux jours, il n'y aura plus personne... Parbleu!... ça devait arriver en République!... tous pétroleurs.

— Ah!... quelle horreur!...

— C'est égal, on aura beau dire... sous l'Empire et même sous Louis-Philippe, jamais on n'avait vendu 75,000 malles de voyage en une journée.

Par cet exemple, citoyen Lentripé, tu dois te faire facilement une idée de l'état d'effarement dans lequel on plonge tes pareils déjà fortement ébranlés par les 75,000 malles de voyage, quand le lendemain ils lisent à la même place, dans le même journal :

« Cette semaine, le nombre de faillites a encore quintuplé. »

Et le surlendemain :

« Jamais, depuis vingt ans, on n'avait vu une telle affluence « qu'hier dans tous les bureaux de mont de piété. Le nombre de « paillasses engagées dépasse 33,000. »

Pour moi, citoyen Lentripé, ce genre de nouvelles que je baptiserais bien : *le faits divers, ou v'là c'que c'est, fallait pas qu'y aille*, si ce n'était pas si long, me semble un véritable chef-d'œuvre :

Il a, sur les longs articles de haut embêtement politique, cet avantage que le lecteur de Jmembetty-les-Sableux en tire lui-même sa conclusion, ce qui le porte à croire qu'il s'est fait une opinion sans qu'on l'y aide.

En lui exposant le fait, on lui en mâche pour ainsi dire la conséquence.

Et quand on lui a répété sous toutes les formes, sans avoir l'air de faire exprès :

— La République fait mourir tout le monde de faim.

Il n'a plus qu'à ouvrir la bouche pour que le cri de *vive le roi !* ou de *vive l'empereur !* s'en échappe.

En somme, citoyen Lentripé, c'est un peu cousu de fil blanc.

Mais comme cela s'adresse à un public qui n'a pas inventé le gaz oxhydrique, les feuilles qui exploitent ce procédé en obtiennent tout de même un certain résultat.

Ces petites nouvelles, ajoutées aux autres clichés non moins subtils des : « 58,000 *appartements à louer,* » des « *magasins de bombes à pétrole découverts chaque nuit dans le faubourg Saint-Martin* » et de « *la diminution des recettes dans les restaurants* » doivent infailliblement, dans un temps donné, arriver à convaincre Jmembetty-les-Sableux que tant que nous n'aurons pas un d'Orléans ou un Napoléon sur le trône, tous les commerces seront morts, à l'exception de ceux des syndics de faillites et des fabricants de dynamite.

C'est tout ce que l'on veut.

Citoyen Lentripé, je veux, moi aussi, à ton intention, prendre part aux nobles travaux de l'association du *Truc à l'effarement.*

Et te fournir tout ce que je pourrai trouver de plus inédit et de moins vrai en fait de nouvelles désespérantes.

Sache-le donc et colporte-le partout afin de dégoûter tout le monde de la République : Paris se vide et ne sera plus, avant huit jours, qu'un vaste *vaudeville.*

Voici la dépêche que je reçois à l'instant :

6 heures.

« Gares des chemins de fer débordées par émigrants.

« Dans gare Saint-Lazare seule, 87,000 billets pour Asnières, hier soir.

« Commissionnaires introuvables.

« Demandent 125 francs pour porter valise. »

8 heures.

« Hausse formidable sur casquettes de voyage.

« Chapeliers assiégés.

« Faute casquettes, voyageurs prennent fez, à 350 francs « sans le gland. »

9 heures.

« Recueilli preuve évidente dépeuplement Paris.

« Procession dans tous établissements à 15 centimes.
« Questionné dame comptoir.
« Baisse partout de 83 pour cent sur recette. »

Tu le vois, citoyen Lentripé, la situation est très-tendue.

Il pourrait bien se faire que mercredi prochain, tu ne visses pas paraître ma *Lettre républicaine* ordinaire.

Ne t'inquiète pas.

C'est qu'il n'y aura plus personne à Paris, ni de typographes pour la composer, ni d'imprimeurs pour la mettre sous presse, ni de plieuses pour la plier, ni de porteurs pour la répandre.

Les punaises mêmes, qui voyaient arriver l'été avec allégresse, sont sèches comme des graines de cerfeuil.

Salut et fraternité.

GERVAIS-MARTIAL,

Ouvrier.

XLV

GERVAIS MARTIAL AU CITOYEN GOBINET

Où Gervais Martial partage la manière de voir du citoyen Gobinet, à propos des ex-émargeants de l'empire émargeant encore sous la République.

Citoyen Gobinet,

Tu m'écris, citoyen, pour me faire part de tes craintes au sujet du maintien dans différents postes républicains de beaucoup d'ex-fonctionnaires bonapartistes.

Et tu me demandes, non sans un visible écœurement, comment il peut se faire que ces gens-là obtiennent aussi aisément des places sous des régimes tellement différents.

De plus, tu sembles craindre, citoyen Gobinet, que certains employés payés par la République ne continuent à se figurer qu'ils le sont encore par l'empire et rendent à ses défenseurs beaucoup de petits services dont le respect du devoir n'est pas positivement l'inspirateur.

Je ne puis te dire au juste, citoyen, à quel point tes craintes sont fondées.

Cependant, j'inclinerais volontiers à croire qu'elles ont du bon.

Mon opinion, depuis longtemps, est que la République s'est montrée par trop excellente fille à l'égard de pas mal de fonctionnaires impériaux à qui elle a conservé leurs emplois, sans s'inquiéter assez s'ils ne conservaient pas leurs convictions.

On assure, d'ailleurs, citoyen, que certains de ces employés, profitant de cette tolérance excessive, en abusent pour considérer le gouvernement actuel comme ces bazars ambulants qui s'établissent pour quinze jours dans des boutiques à louer; mais avec lesquels les propriétaires ne font pas de bail.

Partant de ce principe, il n'y aurait rien d'étonnant à ce que, s'habituant à ne pas prendre au sérieux la République qui se fait si peu craindre, ils continuassent à servir instinctivement le pouvoir éclipsé qui leur a fait tant de beaux jours et duquel ils en attendent tant encore.

Si toi et moi, citoyen, nous avons raison en cette circonstance, cela ne prouve qu'une chose :

C'est qu'il est impossible de se faire respecter de certaines gens sans s'en faire craindre un peu.

Et qu'une République par trop conservatrice des intérêts des autres, n'arrivera jamais à conserver les siens.

Voilà mon opinion, citoyen. Je crois — et j'en suis heureux — qu'elle est conforme à la tienne.

Salut et fraternité.

GERVAIS MARTIAL,
ouvrier.

LES 50 Lettres Républicaines

DE GERVAIS MARTIAL

OUVRIER

RECUEILLIES PAR TOUCHATOUT

XLVI

GERVAIS MARTIAL AU CITOYEN DUGUÉ DE LA FAUCONNERIE

Où Gervais Martial n'a pas trop l'air de prendre pour argent comptant les promesses de pardon que le citoyen Dugué fait aux Républicains dans une brochure : SI L'EMPIRE REVENAIT.

CHEZ TOUS LES LIBRAIRES

1875

Citoyen Dugué,

Tu viens de publier une brochure intitulée : *Si l'Empire revenait.*

Cette brochure, je ne me suis pas amusé, comme tu le penses bien, à la lire en entier.

Je sais très-bien ce qu'il y a dedans.

Je sais parfaitement aussi — et ce qu'il y a de plus drôle, c'est que tu le sais aussi bien que moi — tout ce qui *reviendrait* avec l'empire, si l'empire revenait.

Il reviendrait tout ce qui est déjà venu, sans en excepter les Prussiens.

Seulement, ça... tu ne le dis pas, parce que, comme tous les marchands, tu mets toutes les vilaines marchandises dans le fond du panier, pour qu'on ne les voie pas.

Je laisse donc de côté tous les articles de ton séduisant programme, destiné à faire venir l'empire à la bouche des gendarmes retraités et des fonctionnaires qui — par hasard — n'ont pas été recasés par la République.

Et je ne relèverai dans la brochure que le passage relatif aux trésors de miséricorde et d'oubli que tient en réserve ton troisième empire en faveur de tous ceux qui l'ont combattu.

Selon toi, citoyen Dugué de la Fauconnerie, si l'empire revenait, il ne se souviendrait de rien.

Trois salves d'amnistie annonceraient le commencement de la fête.

Et le fils de Sédan III répondrait avec grandeur aux courtisans qui le presseraient de dresser une liste de soixante mille proscriptions de la première heure :

— L'empereur des Français ne venge pas les injures de VÉLOCIPÈDE IV.

Le mot n'est pas neuf, mais il n'en serait pas moins beau, et surtout en situation.

Seulement, tu me permettras bien de te faire observer, citoyen Dugué de la Fauconnerie, que cette orgie de grâces et de pardons, promise aux républicains comme don de joyeux avénement, a très-peu de chances d'être prise au sérieux par eux.

Quoique les républicains n'aient pas été très-malins jusqu'à présent, puisqu'ils ne peuvent avoir une République neuve sans se la faire filouter dans les cinq jours, ils ne sont point encore arrivés, je crois, à ce point d'abrutissement qui permet de croire à la parole des bonapartistes.

D'ailleurs, le voudraient-ils, que cela leur serait complétement impossible.

Il n'y a que deux catégories de républicains à qui il est permis de ne pas se souvenir des mitraillades du deux décembre 1851 :

Ceux qui n'étaient pas encore nés à cette époque,

Et ceux qui ont été troués sur les trottoirs.

A part cela, tous les autres ne peuvent avoir oublié comment les Bonapartes entendent le pardon et la clémence.

Et je doute fort, citoyen Dugué de la Fauconnerie, que tout ton talent suffise pour faire croire à ceux-là que les républicains seraient portés, par un nouvel empire, pour les premiers bureaux de tabac vacants.

« *Nous oublierons tout* » est facile à dire dans un moment où se souvenir ne servirait à rien.

Mais vienne le triomphe, et la mémoire serait rafraîchie comme par enchantement.

Si l'empire revenait, citoyen Dugué de la Fauconnerie, il aurait été trop sur le point de ne jamais revenir, et cela grâce aux républicains, pour qu'il n'éprouve pas le désir — même plus : le besoin — d'en finir une fois pour toutes avec d'aussi dangereux ennemis.

Quand tu parles d'oubli et de miséricorde au nom d'un parti qui ne peut triompher que par le sang et se soutenir que par la terreur, tu sais bien que tu promets ce qui ne serait jamais tenu.

Heureusement, d'autres bonapartistes, non moins enragés que toi, mais plus sincères, ne nous ont laissé, à l'égard de la clémence impériale, aucune illusion.

Le citoyen Paul de Cassagnac, dont tu ne déclineras pas la compétence en matière de cassetêtéisme, nous le répète sur tous les tons :

« — C'est la fin qui fera le compte, tas de fripouilles!... Si vous êtes vainqueurs, nous paierons probablement de notre tête; mais si nous triomphons, les vôtres n'ont qu'à se bien tenir... »

Je sais bien, citoyen Dugué, que le rédacteur en chef du *Pays* est considéré — même par vous autres — comme un véritable écervelé auquel il ne faut pas prendre garde.

C'est égal, cet enfant terrible, en beaucoup de circonstances, représente radicalement les tendances de votre parti.

C'est en cela qu'il vous gêne, c'est vrai; mais, c'est en cela qu'il nous est bon.

Or, citoyen Dugué — et même en admettant que la parole du citoyen Paul de Cassagnac n'ait qu'une autorité égale à la tienne, les républicains n'en sont pas moins dans la situation suivante :

Un des représentants autorisés du parti bonapartiste leur promet des tas de grâces.

Et un autre, non moins autorisé, les menace d'une foule de violences.

Lequel croire?

Le choix n'est pas difficile à faire.
L'Empire n'a que des précédents de banditisme.
Jamais on ne l'a vu clément.
Quelle raison aurait-on de penser qu'il le serait? Aucune.

D'ailleurs l'Empire, en se vengeant des républicains, ne ferait que son devoir et donnerait à ceux-ci une leçon dont ils ont grand besoin.

Si ce malheur nous arrivait, la parole de Victor Hugo demandant, à Bordeaux, en 1871, la mise en accusation de l'Empire, serait tristement justifiée.

Vous ne voulez pas mettre l'Empire en accusation, dit-il; l'Empire vous y mettra.

Ça a un peu commencé :

« *Si l'Empire revenait,* » ce serait le bouquet.

Et si cet exemple suffisait enfin à faire comprendre aux républicains des siècles futurs, que la clémence imbécile produit souvent les mêmes effets que la trahison,

Ce ne serait pas encore payer trop cher cet enseignement que de le payer de la mort de quelques centaines de citoyens et de la proscription de quelques milliers d'autres.

Salut et fraternité.

GERVAIS MARTIAL,
ouvrier.

XLVII

GERVAIS MARTIAL AU CITOYEN ROUHER

Où Gervais Martial supplie le citoyen Rouher de s'arranger de façon à ce que la liquidation de la liste civile impériale donne à cette sympathique famille quelques millions et la tire de la misère.

Citoyen Rouher,

Qu'est-ce que c'est encore que ce règlement de la liste civile impériale dont on parle depuis quelques jours.

On leur redoit donc quelque chose à ces gens-là?

Ma foi..., je ne le croyais pas.

Il paraît qu'ils sont tout à fait pauvres et intéressants. Ne m'en parle pas, j'en ai l'âme meurtrie.

De pauvres gens qui, pendant dix-huit ans ont gagné trente millions par an à faire danser le cotillon aux Tuileries, et qui, aujourd'hui, sont dans la plus profonde détresse. Cela fend le cœur.

Si l'on en croit les journaux bonapartistes, c'est à peine si la fortune qu'a laissée VÉLOCIPÈDE père se monte à trois millions.

Et même plusieurs membres de la famille en seraient réduits à donner des leçons de clarinette pendant que leurs femmes font des ménages à quinze francs par mois.

Il faudrait avoir un cœur en bronze d'aluminium pour rester insensible aux malheurs d'une pauvre famille que les événements ont précipitée du faîte des splendeurs impériales, jusqu'au fin fond du professorat de l'accordéon.

Pour mon compte, j'en ai le cœur tellement lézardé, que je n'ose plus ouvrir un journal dans la crainte d'y lire que le général Fleury a été obligé d'accepter un emploi de gardien de passage à Londres, que Piétri est bonne dans un bouillon Duval de Liverpool, ou que le prince impérial s'est fait contrôleur d'omnibus dans la Cité.

En vain, citoyen Rouher, je cherche à m'endurcir en pensant que pareil malheur est arrivé à d'autres qui n'avaient pas mangé l'argent du peuple en buissons d'écrevisses.

Et ainsi, je me dis : voyons, mon garçon, un peu de courage, que diable!... Garibaldi ruiné s'est fait marchand de chandelles en Amérique, sans compter beaucoup d'autres qui ont cependant dépensé leurs quatre sous sans avoir jamais avoir été sénateurs.

C'est plus fort que moi; rien n'y fait, l'idée douloureuse que Pierre Bonaparte peut se trouver réduit à vendre des contremarques, m'assiége et m'attriste.

Et je sens bien, citoyen Rouher, que si tu ne trouves pas le moyen de faire suer au budget de la France quelques nouveaux millions au bénéfice de cette intéressante famille, je mourrai de chagrin en lisant un de ces matins dans *le Gaulois* :

« La famille impériale que les amis de M. Gambetta disaient « gorgée d'or, a été aperçue la semaine dernière dans les envi« rons de Douvres. Elle montre la lanterne magique. M. Conneau « fait le boniment, le petit prince tourne l'orgue, l'aigle pré« sente la sébille et l'impératrice dit la bonne aventure. »

Salut et fraternité.

GERVAIS MARTIAL,
ouvrier.

XLVIII

GERVAIS MARTIAL AU CITOYEN BON DIEU

Où Gervais Martial remercie de tout son cœur le citoyen Bon Dieu, qui donne de belles moissons à la jeune République française.

Citoyen Bon Dieu,

Je ne peux pas te dire à quel point je te suis reconnaissant de ce que tu fais depuis quelque temps pour notre pauvre France,

Tu nous as donc pardonnés d'avoir subi l'Empire pendant dix-huit ans.

Que ton saint nom soit loué !

Oui, citoyen Bon Dieu !... jusqu'à ton brave soleil qui, par ton ordre, se mêle de la politique et s'amuse à démolir un à un tous les trucs bonapartistes, légitimistes et orléanistes.

On sait ce qu'il a déjà fait pour nous, il y a trois ans, cet affreux républicain de soleil, en souscrivant pour près d'un milliard — en excédant de moissons et de récoltes diverses — à notre emprunt de libération.

L'année dernière encore, il a été bon pour nous.

Et voilà que cette année, il se prépare à recommencer ses exploits.

De toutes parts les nouvelles des départements sont excellentes — les blés sortent de terre verts, drus et pleins de sève.

Le paysan commence à être ébranlé et l'on répète déjà dans les champs :

— Hé bien !... père Branchu !... elle pousse donc tout de même la légume, sous c'tte polissonne de République.

Tu vois d'ici, citoyen Bon Dieu, le nez des feuilles réactionnaires qui prétendaient que sous la République les grêlons étaient explosibles.

On t'inonde partout de prières, citoyen Bon Dieu !... on a raison.

Mais chacun son goût, voici celle que je t'adresse tous les matins en vue des élections prochaines :

« Citoyen Bon Dieu !... fais qu'il fasse bien chaud cet été...
« C'est si bon pour la vigne et... pour le scrutin !... »

Salut et fraternité.

GERVAIS MARTIAL,
Ouvrier.

LES 50

Lettres Républicaines

DE GERVAIS MARTIAL
OUVRIER

RECUEILLIES PAR TOUCHATOUT

XLIX & L

GERVAIS MARTIAL AU CITOYEN LECTEUR

Où Gervais Martial remercie le citoyen lecteur; lui promet de revenir causer avec lui un de ces jours, et lui fait part de ses espérances qu'il fonde, pour le triomphe de la République, sur les petits citoyens qui ont eu leurs sept ans depuis Sédan.

CHEZ TOUS LES LIBRAIRES

1875

LIVRAISON 30.

Citoyen lecteur,

En terminant cette première série de mes *Lettres républicaines,* j'ai à te remercier, citoyen lecteur, de l'accueil que tu as bien voulu leur faire.

Nous avons causé ensemble des principales questions à l'ordre du jour et je t'ai donné, dans mon langage sans façon, ma petite appréciation sur les choses desquelles tout le monde s'occupe beaucoup depuis que nous avons si durement payé la faute de n'y avoir pas pensé du tout pendant longtemps.

D'ici à très-peu de temps, il faut l'espérer, toutes ces questions vont être remuées de nouveau — et bien d'autres avec — nous en reparlerons dans une nouvelle série, si tu le veux bien.

Pour aujourd'hui, citoyen lecteur, sans nous exagérer follement le résultat obtenu, résultat encore bien mince, au point de vue de nos désirs et de nos aspirations, bornons-nous à nous réjouir ensemble du progrès auquel nous assistons.

Après cinq années de dures épreuves, d'épreuves que nous n'avons pas volées, il faut bien le reconnaître, si nous voulons éviter de les mériter encore, nous touchons à la dernière phase de l'expiation.

Nous pouvons quelquefois, citoyen lecteur, dans des moments ou de dépit, ou d'impatience, ou de découragement, dire avec amertume que rien n'est changé autour de nous, que les petits crevés sont toujours les mêmes, que la démoralisation est toujours aussi grande, que le ventre n'a pas perdu sur le cœur un seul pouce de terrain.

C'est faux, heureusement.

Sous ces apparences, il ne faut pas pénétrer bien avant pour constater au contraire une sensible amélioration morale.

Divisons notre génération en trois couches : les vieux, les mûrs, et les jeunes.

Nous voyons, il est vrai, la première inaccessible à la régénération que nous rêvons ; mais que nous importe ?... De cette couche-là, nous n'avons plus rien à attendre ; nos malheurs ne sont pas arrivés assez à temps pour avoir raison d'une gangrène par trop invétérée.

Restent les mûrs et les jeunes.

Les mûrs ne sont pas convertis non plus ; mais ils ont enrayé, c'est déjà quelque chose. Ils ne seront peut-être pas d'un grand secours, mais ils ne seront pas non plus un obstacle. L'empire a duré trop pour les conserver purs, trop peu pour les pourrir complètement.

Quant aux jeunes, c'est d'eux que nous devons tout attendre, et ce sont eux qui sont appelés à tout nous donner.

Ils ne connaissent du passé que nos hontes et n'en ont tiré que des enseignements.

C'est dans leurs cœurs que vont vibrer, que vibrent déjà les sentiments du devoir, d'honneur, de vertu et de liberté, sans lesquels, de monarchie en monarchie, les peuples vont à la mort honteuse, à l'aide desquels ils se sauvent, et, — ce qui est mieux encore — se réhabilitent !...

Salut et fraternité.

GERVAIS MARTIAL,

Ouvrier.

TABLE DES LETTRES

www.ingramcontent.com/pod-product-compliance
Ingram Content Group UK Ltd.
Pitfield, Milton Keynes, MK11 3LW, UK
UKHW020210250726
13967UKWH00003B/1384